AF223520

L 44
567 b

CONSPIRATION

DU

GÉNÉRAL MALET.

1812

Imprimerie Lange Lévy et Compagnie, rue du Croissant, 16.

HISTOIRE

DE LA

CONSPIRATION

DU GÉNÉRAL MALET

1812

Par H. DOURILLE

AUTEUR DE L'HISTOIRE DU GÉNÉRAL CHAMPIONNET

> Malet, trop négligé par l'histoire,
> mérite d'être vengé de son dédain,
> par une biographie sensible.
> CHARLES NODIER.

PARIS

AU BUREAU DU JOURNAL DU PEUPLE

Rue du Croissant, 10.

AU BUREAU DE L'HISTOIRE DE FRANCE

Rue Neuve-Montmorency-des-Panoramas, 2.

ROUANET, LIBRAIRE, RUE VERDELET,

Juillet 1840.

Ce serait insulter à la postérité que de laisser dans l'oubli une action mémorable qui n'eut point d'exemple et qui n'aura peut-être pas d'imitateur.

La France devait une larme au héros qui mourut pour son bonheur et pour sa gloire.

La patrie rougit de l'oubli où on a laissé jusqu'à ce jour le trait sublime d'un de ses plus héroïques enfans.

On conçoit que sous le coup des désastres de la funeste entreprise de Russie, l'état impérial ait étouffé, dans le sein d'une commission militaire, l'effet contagieux d'une conspiration, ourdie avec calme, exécutée avec hardiesse et sang-froid.

On conçoit que les journaux asservis du temps n'aient rompu un hypocrite silence que pour insulter bassement aux victimes.

Mais comment justifier notre époque, et surtout la Révolution de Juillet, de ce dédaigneux oubli envers un grand citoyen dont toute la vie fut une longue lutte contre le despotisme, et la mort un effort sublime pour le renverser.

Je n'écoute que mon cœur et j'entreprends la tâche qu'un autre accomplira plus dignement que moi. Nous avons le bonheur de vivre dans un pays où les bonnes actions portent leur fruit. Le chemin est ouvert, que les hommes de talent et de loisir m'y suivent.

Paris le 15 juin 1840.

HISTOIRE

DE LA

CONSPIRATION

DU GÉNÉRAL MALET.

I

La Révolution française a mis en relief plus de grands citoyens en dix ans que la monarchie en dix siècles.

Après avoir détruit l'absolutisme et décapité un roi, la République vainquit l'Europe.

Mais un soldat ambitieux, aidé de la corruption du Directoire, recueillit le fruit de nos travaux. Il fit un coup de main sur la représentation nationale (1), étouffa la liberté de son pays et se fit un

(1) « Je ne veux que le salut de la République..... Qu'on ne
» croie pas que je tiens ce langage pour m'emparer du pou-
» voir... Je n'ai accepté l'autorité que vous m'avez confiée que
» pour soutenir la cause de la République. » — Bonaparte, *au Conseil des cinq-cents, le 18 brumaire.*

sceptre de cette épée que la République lui avait confiée pour la défendre. Dès lors un joug de fer pesa sur nous (1); Bonaparte, après s'être imposé à la nation (2), voulut s'associer aux autres despotes de l'Europe; mais ils ne se comprirent pas, ils lui firent une guerre acharnée. Maintenant son buste est dans leurs salons, Louis-Philippe encense sa mémoire et l'autocrate russe a cimenté une alliance avec son petit fils adoptif. Souvenons-nous qu'il édifia les trônes de ses frères avec les ossemens de nos enfans et qu'il unit sa destinée à la fille du plus ancien et du plus implacable de nos ennemis. Au lieu de donner la liberté aux peuples, *il éleva des trônes pour des rois qui l'ont abandonné.*

Les patriotes lui faisaient ombrage, il les persécuta. Ceux qui avaient échappé à la hache thermidorienne et aux fureurs des réactions, furent proscrits ou incarcérés dans des prisons d'état, aussi dures que les Bastilles de la royauté déchue.

Cependant, tandis que la foule éblouie se cour-

(1) Voici comment l'empereur et roi traitait la liberté qui l'avait élevé sur ses ailes :

DÉCRET.

« Aucun écrit ne pourra être imprimé sans avoir été exami-
» né par des *censeurs*.

» Lorsque les *censeurs* auront examiné un ouvrage et permis
» sa publication, les libraires seront en effet autorisés à l'im-
» primer, mais notre ministre de *la police aura alors le droit de*
» *le supprimer tout entier s'il le juge convenable.* »

(2) Bonaparte se plaça d'abord sur le trône : il consulta le peuple *après*.

bait sous son *sabre* et qu'une nuée d'intrigans et d'ambitieux s'empressaient autour du nouvel empereur, des hommes d'élite repoussaient ses avances et préféraient la mort ou les cachots aux haillons dorés dont il couvrait ses esclaves.

Parmi ce petit nombre d'hommes restés fidèles aux principes égalitaires, on remarqua, par dessus tout, Malet qui fit pâlir le tyran sur son char de triomphe et menaça l'existence de cette tourbe de rois, de ducs, de princes et de barons de la nouvelle fabrique.

Malet (Claude-François), naquit à Dôle (Jura) le 28 juin 1754. Son père était *noble* et décoré de Saint-Louis. A seize ans il se fit soldat. La Révolution le trouva capitaine de cavalerie; il en embrassa tous les principes avec une ardeur qui ne s'est jamais démentie. La franchise de son caractère, son amour pour la gloire et la liberté n'avaient rien à redouter des complots des méchans, il marchait droit dans le chemin de l'honneur.

En vain son père, irrité de ses opinions politiques, le laissa-t-il sans fortune ; en vain son frère cadet, qui jouissait de tous les biens, lui offrit-il de grands avantages pécuniers pour l'engager à rentrer dans leur caste; rien ne l'ébranla, Malet refusa ces offres avec le stoïcisme d'un vrai républicain.

En 1790, son département le choisit pour le représenter à Paris à la fête de la fédération. Il commanda le détachement franc-comtois qui se rendit à cette solennité. A son retour, il fut élevé, par la confiance de ses concitoyens, au commandement de la garde nationale et son bataillon fut le premier qui marcha vers la frontière. Ses débuts aux armées lui valurent des éloges et des mentions honorables. Nommé adjudant-général sur le champ de bataille, il organisa les bataillons de volontaires qui arrivaient de toutes parts sur le Rhin; puis il passa le 13 mai 1793 au commandement de la place de Besançon, où la hardiesse et l'énergie de ses principes le rendirent si populaire. Il continua de les professer ouvertement alors même qu'après la catastrophe du 9 thermidor il y avait le plus de danger à les avouer. Aussi resta-t-il sans avancement jusqu'au 14 août 1799, époque où il fut envoyé en Italie avec le grade de général de brigade. Championnet et Masséna eurent maintefois l'occasion de le citer avec avantage; mais sa carrière fut bientôt fermée, car son attachement inébranlable à la République commençait déjà à devenir un crime, et Bonaparte, n'espérant plus le rallier, le persécuta.

Il fut d'abord envoyé à Rome; sa conduite amicale avec les patriotes italiens déplut au général de division Miollis. Relégué à Bordeaux pour y commander le département et renvoyé successivement d'Angoulême aux Sables-d'Olonne, Malet donna enfin sa démission (1). Voici comment, quel-

» (1) Républicain ardent, le général Malet désapprouva hau-

que temps avant, le 11 nivôse an XII, il remerciait
Lacépède du grade de commandeur de la Légion-
d'Honneur; on y reconnaîtra toujours cette vigueur
d'idées et cet esprit d'indépendance qui le distin-
guaient à un si haut point.

« Citoyen,

» J'ai reçu la lettre que vous m'avez fait l'hon-
» neur de m'écrire, et par laquelle vous m'annon-
» cez la marque de confiance que vient de me don-
» ner le grand conseil de la Légion-d'Honneur en
» m'admettant au nombre des membres de cet
» ordre. C'est un témoignage d'estime auquel je
» suis on ne peut plus sensible, et un encoura-
» gement de me rendre de plus en plus *digne*
» *d'une association fondée sur l'amour de la patrie*
» *et de la liberté.* (1)

» Recevez, etc. »

Quand survint l'inauguration du trône impérial,
Malet, forcé par sa position militaire de formuler
son vote, s'adressa à Bonaparte lui-même en ces
termes :

« Citoyen premier consul,

» Nous réunissons nos vœux à ceux des Fran-

» tement l'élévation du général Bonaparte au consulat. » —
Conspiration de Malet, par Saulnier, ancien secrétaire-général
du ministère de la police et ancien député. — Page 8.

(1) Nodier croit que Malet faisait ici allusion à la société des
Philadelphes, dont il faisait partie.

» çais qui désirent voir leur patrie heureuse et
» libre. Si l'empire héréditaire est le seul refuge
» qui nous reste contre les factions, soyez empe-
» reur, mais employez toute l'autorité que votre
» suprème magistrature vous donne pour que cette
» nouvelle forme de gouvernement soit constituée
» de manière à nous préserver de l'incapacité et
» de la tyrannie de vos successeurs, et qu'en cédant
» une portion si précieuse de notre liberté, nous
» n'encourrions pas un jour, de la part de nos en-
» fans, le reproche d'avoir sacrifié la leur.

» Je suis, etc. »

Il adressa, sous le même pli, le billet suivant au
général de division Gobert :

« J'ai pensé, mon général, que lorsqu'on était
» *forcé*, par des circonstances impérieuses, de
» donner une telle adhésion, il fallait y mettre de
» la dignité et ne pas trop ressembler aux gre-
» nouilles qui demandent un roi. »

Le général Malet n'avait pas attendu ce moment
pour conspirer, il était depuis long-temps en relation avec l'administration civile et militaire, où
quelques patriotes avaient été oubliés. Desmarest
dit, dans ses *témoignages historiques*, qu'il l'avait
su affilié à certain projet d'enlèvement du premier
consul, à son passage à Dijon pour Marengo.

Malet qui commandait alors le camp de Dijon,
avait formé, en effet, le dessein de surprendre le
général Bonaparte dans les défilés du Jura. Cent

hommes déterminés, commandés par des officiers résolus, devaient exécuter ce coup de main, éventé par la dénonciation de Bodemann.

L'intention de Malet était, à cette époque, de soulever le Jura et les Cévennes, d'établir son quartier-général à Besançon et de marcher sur Paris. Ses émissaires, placés de six lieues en six lieues, communiquaient avec cette capitale, où les *Philadelphes* avaient, de leur côté, préparé un mouvement.

On comprend que dès lors Malet et Bonaparte furent irréconciliables. L'un avait pénétré les desseins ambitieux de l'autre : il voulut les déjouer. Le général disgracié suivait pas à pas le géant qui enchaînait la patrie enivrée de poudre et de fumée. Il s'apprêta à lutter corps à corps avec lui et seul, avec son génie et son dévoûment, il résolut de renverser de son trône ce roi des rois.

Malet avait profondément étudié ce régime impérial, appuyé sur un seul homme ; il comprit qu'il ne survivrait pas à son œuvre et que la République reviendrait.

Par le bruit de la mort de l'empereur, adroitement répandu à la suite d'une de ses campagnes lointaines, il espérait s'emparer du pouvoir, dicter des lois au sénat servile et consterné, rallier les administrations, si bien façonnées de longue main à l'obéissance passive, les compromettre assez pour les empêcher de revenir, gagner l'armée par des largesses et proclamer la République, en s'appuyant partout sur les sociétés populaires qui auraient donné l'élan à toute la France. Tel fut le canevas du plan sur lequel il travailla pendant dix ans. Cette épée de Damoclès était sans cesse suspendue sur la tête de l'empereur, que la conspiration d'Aréna et de ses malheureux compagnons, la tentative du chimiste Chevalier et de deux autres citoyens, tous mis à mort, avaient rendu défiant ; aussi, demandait-il à Fouché, cet honnête pourvoyeur des prisons :

— Eh ! bien, que font les Républicains ?

— Sire, je ne sais, je ne les vois pas... mais je suis sûr qu'ils conspirent.

II

Malet, après avoir protesté contre l'édification du trône, s'occupa des moyens de le renverser en ralliant les mécontens. Mais la crainte glaçait tous les cœurs et il eut besoin d'un zèle et d'une persévérance à toute épreuve, d'une haute connaissance des hommes et d'une extrême habileté pour se créer des partisans jusqu'au sein même du sénat.

Son influence s'étendait de plus en plus sur le peuple et l'armée, qu'un danger commun unissait ; car en réfléchissant à la mort violente du moderne Alexandre, il était bien aisé de prévoir que son vaste empire serait démembré. Ses frères étaient trop faibles, et ses maréchaux trop avides pour se laisser déposséder de leurs gouvernemens. Soult avait déjà tenté de se rendre indépendant en Portugal, et les autres l'auraient imité.

Malet tint pendant long-temps ces divers élémens en haleine, renvoyant sans cesse le jour de l'action, sous un prétexte ou sous un autre. Tout son monde était prêt à marcher au premier signal ; sa main était libre, il agissait à l'aise ; la conspiration pouvait faire explosion d'un moment à l'autre, à la volonté du chef qui la dirigeait vers son véritable but, sans que la police, toujours dépistée, s'en doutât le moins du monde. On peut dire qu'il joua tous ces fureteurs de complots comme des enfans, et qu'il surprit ses amis mêmes les plus dévoués. C'est surtout en conspiration que *la défiance est la mère de sûreté*. On doit être en garde même avec ses plus intimes camarades : *On n'est jamais trahi que par les siens*. En effet, à moins d'être fou, ce n'est pas à un étranger qu'on confie son secret. La police trouve assez de délateurs dans tous les rangs de la société, elle a un tarif pour toutes les infamies.

Pichegru fut *vendu* et livré par un ami qui lui avait offert l'hospitalité ; ce n'est pas qu'un conspirateur doive négliger l'amitié, mais il faut se taire et ne dire que ce qui ne peut être caché et ce qu'il est utile qu'on sache.

Bonaparte était souvent alarmé des rapports soudains qui lui arrivaient par diverses voies, et, dit Desmarest, je lui entendis prononcer un jour les mots d'*élimination* et d'*épuration* du sénat (1).

Avant d'aller plus loin, je dois parler d'une sotte idée, répandue par des méchans et recueillie par des niais : Malet agissait, a-t-on osé dire, en faveur des Bourbons!... cette insulte est purement gratuite, la mémoire de l'illustre général n'en sera point salie.

Le fait est faux et je n'ai besoin que de quelques preuves pour le démontrer.

Voici ce qu'en dit Desmarest, le chef de la haute police du temps ; il était, je crois, en position d'être bien informé.

« C'est bien dans un sens républicain que cette » crise était conçue par lui, et tous ceux qui l'ont » connu savent que s'il aspirait à renverser le pou- » voir d'une famille, ce ne fut jamais au profit » d'une autre (2). »

Toutes les tentatives de Malet eurent pour seul et unique but le rétablissement du pouvoir populaire. On voit que la vérité perce toujours quand

----

(1) *Témoignages historiques*, ou *quinze ans de haute police sous tout le Consulat et l'Empire*. 1 vol. in-8°, page **225**.

(2) *Témoignages historiques*, page 292.

l'histoire cesse d'être exploitée par les historiographes de la cour.

Voici encore un témoignage irrécusable, il émane de M. Saulnier, ancien sécretaire général du ministère de la police et ancien député, acteur et témoin des événemens :

« .... On connaissait à peine notre campagne désastreuse de Russie, le conseil des ministres, dans » l'anxiété de cette double crise, craignant d'enhardir de *plus heureux imitateurs* d'un si funeste » exemple, avait caché, autant qu'il l'avait pu, le » but des conjurés, le rétablissement de la République. (1) »

Enfin l'abbé Montgaillard dit dans son *Histoire de France* : « Malet et ses complices n'agissaient » nullement en faveur des Bourbons. (2) »

J'ai cru devoir donner immédiatement quelques éclaircissemens superflus pour les hommes versés dans l'histoire et habitués à prendre aux sources, mais utiles à la mémoire du martyr républicain calomnié, comme tous ceux qui meurent en combattant la tyrannie : je n'y reviendrai plus.

Les hommes d'élite qui entouraient Malet ne furent pas ébranlés par les persécutions sans nombre qu'ils essuyèrent. Il dirigeait la société des *Philadelphes* qui avait de nombreux adhérens dans l'armée. Elle se composait en majorité d'officiers et

____

(1) *Conspiration de Malet*, page 6.
(2) Tome 7, page 134.

sous-officiers braves et instruits qui, prévoyant la mort de Napoléon, s'étaient unis pour résister à la tyrannie de ses successeurs.

Cette société des *Philadelphes* était formée d'é-lémens divers, mais serrés ; fils insaisissables qui échappèrent à la police si ombrageuse d'alors. Elle s'introduisit au commencement dans trois régi-mens de ligne, deux d'infanterie légère, puis pé-nétra avec rapidité dans toute l'armée. Bonaparte en était inquiété, mais il nesavait sur qui faire porter le poids de sa colère.

Les principaux chefs de l'association se nom-maient *Léonidas* (1), *Philopœmen, Spartacus* et *Caton.* On s'était d'abord constitué pour ramener *forcément* Bonaparte à des institutions républicai-nes, plus tard on s'organisa pour le renverser.

Le colonel Oudet, compatriote, et comme l'ap-pelle Nodier, *premier adjoint* du général Malet, était l'ame de cette vaste conspiration. Il en fut le héros et le martyr.

Oudet, jeune, beau, brillant et brave, était connu de toute l'armée. Il travaillait à la ruine du pouvoir impérial, tout en portant sur ses traits l'air enjoué d'un enfant et les manières d'un aimable du *beau monde.* Il eût trompé les plus habiles. C'é-tait un jeune et hardi conspirateur ; on s'en déba-rassa.... C'est lui qui dit, en 1800, à Bonaparte ef-frayé : « Montre-moi ton visage, afin que je m'assure

(1) Malet.

» encore si c'est bien Bonaparte qui est revenu de
» l'Egypte pour asservir son pays. » Oudet, aimable avec les femmes, ne s'attachait réellement qu'à
la patrie. Sa bravoure était devenue proverbiale ;
l'élan de son imagination, la vivacité de son esprit,
la puissance de sa parole entraînaient ses auditeurs.

Les premiers complots des *Philadelphes* furent dé-
voilés par le traître Méhée, qui compromit la liberté
de bien des braves gens ; mais la torture morale,
les cachots et le secret le plus absolu, pas plus que
les promesses les plus brillantes ne purent leur
arracher aucune révélation.

Voici comment ce Méhée peignait Oudet dans
sa correspondance avec la police :

« Le chef que vous m'engagez à vous faire con-
» naître est un homme de vingt-huit ans, d'une
» taille et d'une figure distinguées ; sa bravoure
» passe tout ce que je pourrais vous en dire. Il parle
» avec facilité et écrit avec talent. Les républicains
» ont en lui une grande confiance, quoiqu'il aille
» souvent chez le premier consul, qui fait tout pour
» se le concilier. Il n'y parviendra pas. »

Bonaparte oublia Oudet dans ses promotions de
la Légion-d'Honneur et l'exila deux fois, sans autre jugement que sa volonté. Le jeune colonel se
consola facilement de ces disgraces en continuant
avec plus d'ardeur que jamais la propagande la plus
active et en se liant avec les sociétés secrètes du
Tyrol et de l'Italie.

Les sociétés secrètes sont la seule sauvegarde

d'un pays livré au despotisme. Elles le minent continuellement, rallient les hommes de cœur et sont un effroi perpétuel pour le tyran.

Bonaparte dépensait beaucoup d'argent pour surveiller ceux qui déploraient son ambition insatiable et son despotisme outrageant, mais il craignait le dangereux scandale des complots, en étouffait soigneusement les germes, et faisait disparaître jusqu'aux moindres traces du mécontentement public. La cupidité des délateurs fit bien des victimes. Les prisons regorgeaient de patriotes. Parfois la *raison d'état* en faisait *justice*, et les derniers soupirs de ces martyrs étaient étouffés par le bruit du canon qui ébranlait l'Europe en décimant les familles.

« Le ministre (Fouché) proclamait et poursui-
» vait des coupables, tandis que le gouvernement
» saisissait et déportait des suspects; au lieu de
» preuves ou d'indices, on exhumait tous les vieux
» griefs d'opinion et de parti. *Il ne s'agissait pas
» de recherches, mais de proscriptions* (1). »

La société des *Philadelphes* a duré quatorze ans; la persécution, la prison et la mort n'ont pu l'abattre.

Le génie de Malet lui avait révélé le côté faible de l'échaffaudage impérial; il savait où frapper ce colosse sans base. L'empereur mort, ou censé

_____

(1) *Témoignages historiques*, par Desmarest, ancien chef de la haute police pendant tout le Consulat et l'Empire, page 42.

l'être, il aurait agi hardiment avec les élémens révolutionnaires qu'il avait sous la main. Cette *idée
fixe*, ainsi que veut bien la nommer Desmarest,
allait réussir en 1807, lors de la douteuse victoire
d'Eylau, lorsqu'on trouva encore un traître (1) qui
fit précipiter dans les fers Malet et cinquante-sept
de ses braves compagnons, la plupart pères de famille. C'est sur le témoignage aussi suspect d'un
seul homme, que ces malheureux perdirent leur
liberté, laissant leurs femmes et leurs enfans en
proie aux angoisses de la faim. Il y avait comme
cela des milliers d'infortunés dans les forts du Ham,
de Joux, Fenestrelle, Saumur, Savonne, Villa-
Borghese, Vincennes, les prisons de Sainte-
Pélagie, la Force, l'Abbaye, et dans une foule de
maisons dites de *santé* et autres lieux où les *mécontens* étaient ensevelis pendant de longues années, sans linge, sans vêtemens et sans autre crime que de lever la tête un peu haut devant le nouveau Cromwell.

Rien ne pouvait abattre Malet ; il bénissait ses
fers, sa grande ame n'y souffrait que des maux de
ses amis. L'austérité de ses mœurs, son courage
chevaleresque et sa fidélité à ses sermens n'en furent que mieux affermis. Il relevait l'ardeur des
autres, faisait des prosélytes autour de lui et cor-
respondait au dehors par l'intermédiaire de jeunes
dames amies de sa femme, qui, dans ces temps

(1) Le général Guillaume.

d'oppression, rendirent de véritables services à la liberté.

La chambre qu'occupait Malet à la Force est en grande vénération parmi les prisonniers politiques qui encombrent si souvent, au gré du pouvoir, cette sombre demeure. Voici un des couplets d'une *prière du soir*, que tous les détenus chantent en chœur avant d'éteindre leurs lumières.

> C'est dans ces murs que Malet le hardi
> Conçut dans l'ombre un projet des plus vastes ;
> Frappé de mort, il dit : des jours néfastes
> Vont accabler le vainqueur de Lodi.

Malet avait une figure charmante, un air de jeunesse et de santé, un sourire attrayant, d'agréables manières, une voix ferme et sonore, un regard pénétrant et une taille aisée. Il était toujours mis avec décence et avait conservé l'antique usage de poudrer ses cheveux. Sa bravoure personnelle était à toute épreuve et son dévoûment sans bornes. *Il est d'une probité de fer et d'une fidélité d'acier* (1), disait Oudet. Son propre danger ne l'occupa jamais, il ne pensait qu'à celui de la pa-

---

(1) « Personne ne professe une estime plus haute et une plus
» franche admiration que moi pour le caractère de Malet ; per-
» sonne ne considère plus que moi sa loyauté chevaleresque,
» sa fermeté inflexible, sa délicatesse et son intrépidité. Tous
» les partis lui doivent de l'admiration, mais les républicains
» seuls des regrets. » — Charles Nodier, *Histoire des sociétés secrètes de l'armée*, pages 193 et 195.

trie. Il joignait à toutes ces qualités un caractère inflexible et un sang-froid qui s'augmentait en raison de l'imminence du danger. On se fera une idée de son caractère en lisant ses actes (1).

Ferme et constant dans ses principes, il s'attaqua dans un âge avancé, à un gouvernement qu'on croyait si jeune et si bien assis, et il l'aurait renversé sans l'obstacle inattendu d'un agent obscur qu'il avait épargné. Il fut sur le point d'exécuter sans effusion de sang, au profit de la liberté, ce que douze cent mille baïonnettes étrangères firent plus tard pour l'esclavage et les Bourbons. Après avoir dépensé, au service ou pendant sa détention, une partie de son patrimoine, il laissa sa veuve et son fils sans fortune.

III

La conspiration de 1807 fut le prélude de celle de 1812. Elle était aussi bien combinée, aussi pru-

(1) « Le général Malet entra de bonne foi dans la Révolu-
» tion, il en professa les principes avec une grande ferveur. Il
» était républicain par conscience, et avait pour les conspira-
» tions un caractère semblable à ceux dont l'antiquité grecque
» et romaine nous ont transmis les portraits. » — *Mémoires du
duc de Rovigo*, tome 6, page 17.

demment conçue et aussi laborieusement travaillée que celle où Malet perdit la vie.

Le général disposait alors d'un millier d'hommes purs et dévoués comme on en trouve tant
parmi les républicains. Les conjurés n'attendaient
qu'un homme pour agir. Leur chef était aussi personnellement en relation avec des hommes de
toutes les conditions sociales : ouvriers, juges, sé-
nateurs, étudians, soldats et généraux, étaient
enrégimentés sous sa bannière. Il avait séduit tout
ce qui pouvait céder; convaincu les timides, sti-
mulé les forts, modéré les impatiens, et gardé son
secret pour lui. Un seul homme, un misérable, fit
tout échouer. Je laisse parler, sur cet événement,
Lemare, un des membres du comité que Malet
avait formé (1).

« Dans la nuit du 29 mai, dit-il, plus de six
» cents ordres étaient signés, scellés du sceau de
» la dictature, trois mille proclamations et décrets
» étaient datés, les postes assignés, les rôles dis-
» tribués. Le quartier-général allait être établi à
» quatre heures du matin à l'hôtel de Cambacérès,
» où tous les ministres devaient, les uns se rendre,
» les autres être conduits. A une heure, tout fut
» ajourné et perdu. »

Lemare, qui ne savait probablement rien des
grands moyens de Malet et des ressorts secrets

______

(1) Ce comité se composait de Malet, Bazin, Gindre, Cor-
neille et Lemare.

qu'il se proposait de faire jouer, n'en parle pas dans son ouvrage (1). Seulement, il ajoute : « On » saura que, sans le secours d'encres sympathi- » ques ni d'écritures chiffrées, Malet assistait à » toutes les opérations de l'armée, connaissait tou- » tes les anecdotes de quelque importance et re- » cevait des nouvelles de Moscou même. » On voit que les *Philadelphes* étaient de tous côtés fidèles et strictement obéissans à l'impulsion secrète qu'ils recevaient de leurs chefs. Les rapports arrivaient à Malet par mille voies insaisissables; chacun y contribuait suivant sa position et ses lumières : ces vastes élémens réagissaient sans cesse dans la même pensée.

En 1809, Malet voulait encore tenter une insur- rection; mais l'italien Sorbi, détenu avec lui, pres- sentit son projet et le dénonça à l'archi-chance- lier. Le général donna aussitôt contre-ordre.

Il s'agissait, comme toujours, de répandre tout- à-coup le bruit de la mort de l'empereur, tué à Wagram et d'enlever, le 29 juin, à Notre-Dame, les autorités qui y chantaient un *Te Deum*, pour célébrer l'entrée des Français à Vienne. Une fois le mouvement lancé il eût renversé les obstacles.

Un malheur n'arrive jamais seul ; quelques jours

---

(1) *Malet, ou Coup d'OEil sur l'origine, les élémens, le but et les moyens des conjurations formées en 1807 et 1812 par ce géné- ral et autres ennemis de la tyrannie*, par P.-Al. Lemare. — Pa- ris, 1814.

après, Malet fut saisi de la plus vive douleur à la nouvelle de la mort de son digne ami, le brave et généreux Oudet. Les *Philadelphes*, consternés, le pleurèrent amèrement. Cette action est peu connue, la police impériale l'étouffa. Il s'agit d'une accusation bien grave; je vais développer les faits.

Oudet, après avoir été persécuté, exilé et suspendu de son grade pendant cinq années, fut enfin rappelé et nommé général en 1809; mais il reçut en même temps l'ordre du ministre de former un neuvième régiment des débris du sixième. Il ne devait prendre ses épaulettes de général qu'après la campagne. Du reste, l'empereur le laissa entièrement libre de former ses cadres avec des officiers et sous-officiers de son choix.

Oudet, on le comprend, devina bien le piége : il était aussi fin que le maître; l'exemple tout récent des princes d'Espagne, ceux de Pichegru, de Moreau et d'Enghien, lui avaient appris à se défier. Néanmoins, il choisit hardiment ses amis, espérant frapper un coup décisif avant que le despote fût en mesure. Hélas! il se trompa!...

Dans cette mémorable journée de Wagram, qui *procura* une fiancée royale à l'empereur, le neuvième régiment fut placé en première ligne; il se conduisit bravement et fut décimé. La plupart de ses valeureux amis périrent. Lui-même, déjà couvert d'anciennes blessures, reçut trois coups de lance; et, se voyant affaibli par une perte abondante de sang, il ordonna qu'on l'attachât sur son cheval pour se maintenir en selle. C'est dans cet état pitoyable qu'il parut devant l'empereur, au moment où il s'attendait à rentrer à Vienne, qui n'était éloigné que d'une portée de canon. Aussitôt un ordre lui prescrivit de se porter sur les derrières de l'ennemi... Il se mit immédiatement à sa poursuite, arriva harassé, prit position. Mais bientôt un nouvel ordre lui enjoignit de rentrer au camp avec son corps d'officiers, laissant le commandement du régiment à un chef de bataillon et à un capitaine. Il était onze heures du soir... En effectuant ce dernier mouvement, Oudet tomba, lui et les siens, dans une embuscade... ce fut une horrible boucherie. — Oudet fut trouvé le lendemain palpitant encore sous les cadavres de ses officiers qui, groupés autour de lui, s'étaient efforcés, jusqu'au dernier moment, de lui faire un rempart de leur corps. On enleva, au point du jour, vingt-deux morts..... Le colonel Oudet eut encore à subir trois jours d'une affreuse agonie, puis il expira.

« La nouvelle de cet événement, dit Charles » Nodier (1), se répandit dans l'armée plus vite » qu'on ne l'aurait voulu. — Le bulletin de Wa- » gram enveloppa en vain le nom d'Oudet dans » une périphrase dont peu de nous avaient le mot. » Je laisse, comme Nodier, les assassins à leurs remords... Je voudrais pouvoir douter encore !

(1) *Histoire des sociétés secrètes de l'armée*, page 207.

On crut les *Philadelphes* perdus : mais le parti républicain ne s'éteint pas dans le sang de ses enfans ; il en reçoit au contraire une nouvelle vie. Les rois, les castes passent ; les prétendans s'éteignent ; le peuple seul est immortel.

« Quoi qu'il en soit, dit encore Charles Nodier, » Oudet et cette fleur de héros qui venait d'être » moissonnés autour de lui, emportèrent les re-» grets universels. Quelques officiers blessés qui » avaient été transportés dans le même hôpital, » déchirèrent leur appareil en voyant sortir son » corps. Un jeune sergent-major qui le suivait se » précipita sur la pointe de son sabre à quelques » pas de la fosse. Un lieutenant qui avait servi » avec lui dans la soixante-huitième demi-brigade, » se brûla la cervelle. Ses funérailles ressemblèrent » à celles d'Othon. Peu de temps après, son régi-» ment fut licencié. »

C'est à cette même époque, qu'à Schœnbrunn, un patriote, le jeune Staaps, âgé de seize ans, s'approcha de l'empereur à la parade, décidé à le frapper. Il fut saisi et trouvé possesseur d'un couteau. Bonaparte lui fit dire de demander gârce... L'enfant résiste : il est fusillé !... Plus tard, un de ses amis, nommé La Sahla, jeune homme de dix-huit ans, vint à Paris pour venger sa mort ; il fut arrêté et détenu à Vincennes jusqu'en 1814.

La campagne de 1812 s'ouvrit. Malet en avait prévu les funestes résultats avec une perspicacité bien rare (1). Du fond de sa prison, il suivait pas à pas la politique, étudiait les combinaisons les plus cachées de l'administration impériale, faisait sonder chaque fonctionnaire, entretenait des relations, des correspondances, resserrait ses rapports, ses liens, préparait ses ressources, et seul, sans argent, sans crédit, vieux et prisonnier, il s'apprêtait à foudroyer cet immense édifice, sans qu'il en coûtât du sang, sans qu'il en vînt une larme. La boucherie finissait; la République renaissait et l'Europe se félicitait d'échapper à la ruine et au despotisme aveugle d'un soldat couronné.

Malet avait, comme on l'a vu, préparé ses nombreux partisans à un mouvement prochain qu'il renvoyait en alléguant froidement à chaque retard, des motifs puisés dans les nécessités du moment. Au mois de juin, il réclama du Gouvernement, préoccupé d'affaires urgentes, une place dans une maison de santé ; on la lui accorda et il y fut oublié. Cette maison, la dernière à gauche, à l'extrémité du faubourg Saint-Antoine, était dirigée par le docteur Dubuisson. Il en fit un quartier-général très actif, à l'insu même des personnes qui l'habitaient et au milieu desquelles il vivait rieur et affable envers tous. Il y mit la dernière main à son plan gigantesque.

(1) « La campagne de 1812 coûta, au *minimum*, à la France, » TROIS CENT QUATRE-VINGT-TREIZE MILLE HOMMES. Si nous » prenons le chiffre donné par Ségur, la perte serait plus considérable encore. » — *Buchez et Roux*, tome 39, page 383.

Un abbé Lafon (1), détenu pour des menées royalistes , lui servit d'intermédiaire au dehors. Il fut toujours discret et dévoué au général, qui ne lui fit jamais part de ses desseins ultérieurs. Il y voyait aussi Rateau, caporal de la garde, neveu du concierge, joli garçon, bon vivant, brave et discret, mais aussi bête que son écriture était belle. Malet en fit son secrétaire et lui dicta ordres, décrets, proclamations, tout cela si mêlé, si confus, que l'innocent n'y comprenait rien, si ce n'est qu'il s'agissait d'un ouvrage à livrer à l'impression. Lorsque Rateau suivit le général en qualité d'aide-de-camp, il crut réellement à l'existence du sénatus-consulte qui investissait Malet du commandement de la division.

IV

Tandis que l'armée française fuyait , pêle-mêle, accablée par le froid, déchirée par la faim, harcelée par l'ennemi , et que l'élite de la jeunesse

(1) Cet abbé publia en 1814 une relation de la conjuration. Il suffit d'y jeter les yeux pour reconnaître combien Malet l'avait trompé sur le véritable but qu'il se proposait d'atteindre.

française marquait d'une longue traînée de cadavres la route de Moscou, Paris, sans nouvelles du
théâtre de la guerre, pressentait déjà les affreux
désastres que le ministère s'efforçait en vain de lui
cacher.

On était depuis sept jours sans dépêches de l'empereur, les ateliers étaient fermés, les négocians
murmuraient, les ouvriers tombaient d'inanition,
et *quatre-vingt mille* indigens inscrits aux divers
bureaux de charité ne recevaient plus aucun secours (1). On adressait de toutes parts de vives in-
terpellations au pouvoir. Malet n'ignorait pas tous
ces tiraillemens; il comptait sur la population ou-
vrière et marchande. Si le succès eût couronné son
entreprise, il aurait fait rentrer nos débris, et l'empire n'aurait pas encore moissonné nos bataillons
dans les funestes plaines de la Saxe. Au cri de liberté, la France entière aurait couvert nos frontières, et, comme en 92, elle les aurait fait respecter;
d'ailleurs les rois, qui avaient déclaré la guerre à
Napoléon lui seul, se seraient bien gardés d'entraîner leurs peuples dans une guerre où ils ne les
auraient peut-être pas suivis. Nous aurions ainsi
épargné le sang et l'argent de la nation, reconquis

(1) On a souvent parlé de l'aisance des travailleurs sous
l'Empire. Voici ce qu'en disent Buchez et Roux, tome 39,
page 306 : — « Les ouvriers, il est vrai, avaient du travail, la
» main-d'œuvre était à un haut prix, mais on n'ignorait pas que
» ces avantages venaient de ce que les bras manquaient. »

l'égalité, et nous n'aurions pas subi la honte de l'étranger.

En ces circonstances, le parti de Malet fut bientôt pris : commencer avec les troupes entraînées et fascinées, enlever le peuple et proclamer la république. Plus un gouvernement deépotique se croit fort, plus il est prêt à s'abattre sous les coups d'un homme intrépide décidé à mourir. Malet, qui ne s'arrêta jamais devant un danger personnel, avait bien choisi le moment propice et le point vulnérable. Il calcule les conséquences de l'obéissance passive, sait qu'on est sans nouvelles, devine tous les malheurs et surprend son monde.

Le voilà convaincu de la mort de l'empereur et de la soumission du sénat. Il sait bien que les idées républicaines ne quittent plus le sol où on les a une fois semées ; on est bien fort en s'appuyant sur le peuple. L'idée de sauver son pays, d'abattre un despote et de restituer à la nation le seul gouvernement qui lui convienne, élève soname, raffermit son cœur, arme son courage et décuple ses forces.

Tout avait été préparé de longue main et en silence. Ordres, décrets, nominations, proclamations, tout jusqu'aux signatures et aux sceaux était parfaitement imité. La rédaction et la copie de ces nombreuses pièces avait coûté au général un travail inouï. Il y avait employé plusieurs mois. Rien ne manquait à la chancellerie du nouveau pouvoir qui allait surgir d'une maison de santé pour renverser un empire.

Malet connaît les fonctionnaires qui doivent disparaître, et ceux qu'on doit conserver; ceux qui obéiront à leur insu, et ceux que la force soumettra. Chacun débitera un rôle qu'il n'aura point appris. Un prêtre espagnol, son ancien compagnon à la Force, lui prépare, rue Saint-Giles, des chevaux harnachés, des armes et des uniformes, sans se douter de rien.

La garnison se composait, alors, d'un régiment de la garde de Paris et de plusieurs cohortes de la garde nationale mobilisée. L'esprit de ces corps, commandés par d'anciens officiers républicains, mis à la réforme et rappelés pour les besoins du moment, était excellent.

La France commençait à se lasser de courir sanglante et déguenillée après un seul homme (1),

(1) Le Corps législatif osa enfin lever sa tête, depuis si long-temps accablée par le joug. Voici quelques passages de son adresse à l'empereur, votée le 28 décembre 1813, et lue par M. Raynouard :

« ... Une nombreuse armée, emportée par les frimats du » Nord, fut remplacée par une armée dont les soldats ont été » arrachés à la gloire, aux arts et au commerce ; celle-ci a en-» graissé les plaines maudites de Leipsick, et les flots de l'Elster » ont entraîné les bataillons de nos concitoyens. »

Puis on parle de Bernadotte, *qui avait osé préférer un trône au titre de citoyen français.*

« ... On veut non pas nous humilier, ajoute-t-on, mais ré-» primer *l'élan d'une activité ambitieuse si fatale* depuis vingt-» cinq ans à tous les peuples de l'Europe.

« ... Nos maux sont à leur comble, la patrie est menacée sur

la joie et l'enthousiasme ne figuraient guère plus qu'au *Moniteur*. On se défiait en général du sort réservé au pays; les patriotes inquiets interrogeaient l'avenir et se comptaient des yeux. On s'apercevait bien que ces constructions des Tuileries et du Louvre, qu'on dégageait sur tous les points sous prétexte d'embellissement, n'étaient qu'un formi-

» tous les points de ses frontières ; le commerce est anéanti, » l'agriculture languit , l'industrie expire ; et il n'est point de » Français qui , dans sa famille ou dans sa fortune, n'ait une » plaie cruelle à guérir. Ne nous appesantissons pas sur ces » faits ; l'agriculteur, depuis cinq ans, ne jouit pas ; il vit à pei- » ne, et les fruits de ses travaux servent à grossir le trésor, qui » se dissipe annuellement par les secours que réclament des » armées sans cesse ruinées et affamées. La] conscription est » devenue pour la France un *odieux fléau*. Depuis trois ans on » moissonne *trois fois l'année ;* une guerre *barbare et sans but* en- » gloutit périodiquement une jeunesse arrachée à l'éducation, à » l'agriculture, au commerce et aux arts. LES LARMES DES MÈRES » ET LES SUEURS DES PEUPLES SONT–ILS DONC LE PATRIMOINE » DES ROIS ? »

La réponse de Bonaparte ne se fit pas attendre : — « J'ai sup- » primé, dit–il, l'impression de votre adresse ; elle était incen- « diaire. Les onze douzièmes du Corps législatif sont de bons « citoyens, je saurai avoir des égards pour eux. Mais un autre » douzième renferme des factieux, et votre commission est de » ce nombre. Ce douzième est composé de gens qui *veulent l'a- » narchie* et qui sont comme les Girondins. Où une telle con- » duite a-t-elle mené Vergniaud et les autres chefs ? à l'é- » chafaud...

» C'est en famille qu'il faut laver son linge sale. AU RESTE, LA » FRANCE A PLUS BESOIN DE MOI QUE JE N'AI BESOIN DE LA » FRANCE! »

dable moyen de défense, à employer plus tard, quand, las de battre les autres peuples, on aurait à brider le *sien* chez *soi*. L'armée aussi était lasse, et si Bonaparte fit ses cent jours, c'est qu'il annonça au début une constitution, et qu'il fallait choisir entre lui et les Bourbons.

Mais en 1812, si l'action mémorable de Malet eût réussi, la liberté était sauvée, le territoire préservé et l'égalité réconquise. Alors l'action des clubs, de la presse et la toute puissance d'une dictature populaire auraient donné une vie nouvelle à la nation impatiente de ressaisir ses droits.

L'intention de Malet, après avoir opéré son mouvement, était d'armer les patriotes, de rallier les cohortes et de former, à Châlons-sur-Marne, un corps de cinquante mille hommes pour couvrir Paris de ce côté. Il était homme à aller, lui-même, faire fusiller Bonaparte à Mayence. Car, vainqueur ou vaincu, il savait bien d'avance qu'il reviendrait précipitamment à la nouvelle de la conspiration.

J'ai dit que Malet avait des intelligences dans tous les corps de la garnison. Il les faisait fréquemment visiter par des agens révolutionnaires discrets. Non seulement ces corps mais l'armée, entière était lasse de se prodiguer sans profit et sans espoir. Il y avait des mécontens jusqu'au milieu des sommités militaires (1). Malet eût tout entraîné en peu de jours, s'il eût réussi le premier.

(1) Voici des détails curieux émanés du chef de la haute po-

V

Le jeudi 22 octobre 1812, un sous-officier de la garnison vint apporter, le soir, le mot d'ordre à Malet, et par un hasard bien singulier, ce mot était *conspiration*, et le mot de ralliement *Compiègne*.

lice impériale (Desmarest), sur d'autres complots moins sérieux que celui de Malet, mais néanmoins assez significatifs :

« La défection morale de certains officiers principaux de
» l'empereur date de ses malheurs en Russie. Elle prit un ca-
» ractère de résistance et d'humeur sombre après la bataille de
» Dresde, suivie de l'échec du général Vendamme, en Bohême.
» Napoléon eut alors l'idée de faire dans la Saxe le pivot de
» toutes ses opérations, laissant tenter aux ennemis le chemin
» de la France, s'ils l'osaient, tandis que lui-même occuperait
» les derrières, en s'appuyant sur les places de l'Elbe, de la
» Prusse, et sur les débouchés des montagnes de la Bohême,
» menaçant à la fois Vienne et Berlin. C'est, je crois, par une
» manœuvre de ce genre que le grand Frédéric laissa prendre
» et brûler sa capitale, pour tenir en arrière la campagne et
» dicter ensuite la paix à la coalition ennemie.

» Mais Napoléon vit trop qu'il serait mal secondé ; la terri-
» ble expérience de Russie était trop récente, et l'audace de sa
» nouvelle conception ne parut à plusieurs de ses compa-
» gnons qu'un éternel adieu à la France et à leurs familles, Un
» jour, à Dessaw, M. Fain, venant travailler au cabinet, enten-
» dit un maréchal qui proférait, au milieu d'un groupe rassem-

J'ai cru qu'il y avait là une apparence de complici-
té avec quelque militaire haut placé. Malet a emporté son secret dans la tombe.

Le soir, la femme du général apporta, sans sa—

» blé là pour l'ordre, les plus sinistres pronostics. Le secrétaire,
» frappé de l'impression que pouvaient en recevoir des officiers
» venus des divers corps d'armée, crut devoir en prévenir l'em-
» pereur, pour qu'il congédiât au plus tôt une pareille audience.
» Napoléon se contenta de lui répondre :

« Que voulez-vous, ils sont devenus fous. Et précisément ils
» en disaient autant de lui-même.

» En 1814, vers la fin de la campagne sous Paris, plusieurs
» d'entre eux, mus sans doute par des impressions plus déci-
» sives reçues de cette capitale effrayée, se fixèrent à l'idée de
» le faire disparaître! C'était le mot; en effet, il s'agissait de le
» frapper au fond de quelque défilé , ou d'un bois écarté ; de
» creuser eux-mêmes un trou et d'y ensevelir son corps sans
» qu'on pût en découvrir la moindre trace.

» Telle fut peut-être la fin de Romulus, et, dans des temps
» plus modernes, la mort de deux guerriers fameux, Gustave-
» Adolphe et Charles XII, a laissé quelques soupçons sur des
» seigneurs de leur alentour. Le même sort menaçait Frédéric
» dans un temps où son héroïque obstination refusait aux vœux
» de ses peuples, aux larmes de toute sa famille, une paix ar-
» demment désirée.

» Mais, comme on redoutait le ressentiment et les recher-
» ches de la garde impériale, on jugea à propos de s'ouvrir à
» son chef, le duc de Dantzick, qui répondit : « — Un moment,
» messieurs, je commande ici, et je vous préviens que je le dé-
» fends, ou je le venge! » — Le lendemain, nouveau message;
» c'est un général de brigade qui en fut chargé : — « Ceci est
» trop fort! reprit le maréchal ; puisque vous persistez, je vais
» prévenir l'empereur. Ainsi, renoncez, ou je parle ! »

» Il est certain que Napoléon ne se faisait pas illusion sur tout

voir à quel usage on les destinait, l'uniforme et les armes de son mari chez l'espagnol Caamagno. Ce moine et l'abbé Lafon, trompés si facilement, étaient deux incorrigibles partisans de la *légitimité*. Malet, dont la police connaissait les sentimens républicains, put s'en servir sans éveiller les soupçons. Lafon ne suivit la conspiration que de loin. Il fut exilé au retour de l'empereur.

À six heures, Malet soupa avec les pensionnaires. Il fit tranquillement la partie jusqu'à dix heures. On remarqua même, tant il était maître de lui, qu'il gagna constamment tous les joueurs.

Par une coïncidence extraordinaire, la conspiration de Malet éclata le même jour et à la même heure où la malheureuse armée française évacuait Moscou pour commencer son horrible retraite.

Tout était prêt pour exciter d'un côté la confiance, et de l'autre le saisissement et la terreur.

Le 22 octobre à onze heures, Malet sauta dans le jardin, franchit le mur et gagna la rue, accompagné de l'abbé Lafon, chargé d'un énorme portefeuille contenant toute la chancellerie du nouveau

» ce qui le menaçait au milieu d'amis découragés et presque
» sans espoir, et d'ennemis qui avaient cessé de le craindre.
» Un jour de cette triste campagne, il remontait à cheval as-
» sez péniblement dans un champ isolé ; le maréchal Lefèvre
» se mit à le soulever comme pour l'aider. L'empereur se re-
« tourna très vivement, mais sa physionomie se rouvrit au mê-
» me moment par un sourire et un remercîment affectueux au
» maréchal. »

gouvernement. Le général se dirigea aussitôt vers le domicile de Caamagno (1), situé rue Saint-Giles, près de la place Royale. Il y trouva trois chevaux sellés, des armes, des uniformes et la ceinture tricolore, qu'il avait commandée la veille. Caamagno croyait bonnement qu'il s'agissait d'aller enlever Ferdinand VII, prisonnier à Valencey. Rateau et Boutreux (professeur) étaient au rendez-vous.

— Eh! bien, dit Malet à Rateau, je vous avais promis de l'avancement, prenez cet habit; vous voilà capitaine; je reprends du service et vous fais mon aide-de-camp.

Rateau, au comble de la joie, s'empressa d'obéir. Boutreux ceignit l'écharpe tricolore et fut transformé en commissaire de police. En ce moment, l'abbé Lafon, cédant à la peur, voulut fuir:

— *Restez*, lui dit Malet, *la guillotine est à la porte...*

Puis il ajouta:

— Le gouvernement provisoire m'a chargé d'une mission difficile, me suivrez-vous?...

— Oui, répondirent-ils.

— C'est bien, marchons.

On monta à cheval et nos trois conspirateurs se présentèrent, à deux heures du matin, à la porte du quartier des Minimes, où était casernée la dixième cohorte commandée par le colonel Soulier. La pluie

____

(1) Il était encore, en 1830, attaché à la paroisse de Saint-Gervais, à Paris.

tombait par torrens: « Cet incident, dit Saulnier,
» nuisit beaucoup au rapide déploiement de la
» conspiration. Si les conjurés avaient pu, au con-
» traire, exécuter leurs projets durant la nuit, ils
» sortaient probablement vainqueurs d'une lutte
» en apparence si inégale. »

Rateau frappe rudement à la porte de la caserne,
la sentinelle placée devant les armes appelle le
commandant du poste, qui paraît aussitôt. — Malet se fait reconnaître et lui ordonne d'aller prévenir immédiatement le colonel de sa présence. Il le
suit et se présente avec lui devant Soulier, réveillé
en sursaut et stupéfait à la vue du général, d'un
aide-de-camp et d'un commissaire de police éclai-
rés, au pied de son lit, par le falot du poste.

— Qu'y a-t-il ? dit Soulier en se frottant les
yeux.

— Je vois bien que vous n'avez pas été averti, lui
dit le général d'un ton dégagé ; — l'empereur est
mort ; le sénat assemblé a proclamé la République... Voici des ordres que j'ai à vous transmettre
de la part du général Malet ; je dois m'assurer de
leur exécution.

A ces mots, Soulier pâlit, et tandis qu'il sue par
tous les pores, le commissaire de police Boutreux
lui donne gravement lecture du sénatus consulte
et de l'ordre suivant dont j'extrais les parties les
plus saillantes :

Le général de division commandant en chef la force armée de Paris et les troupes de la première division, à M. Soulier, commandant la dixième cohorte.—Au quartier général de la place Vendôme le 23 octobre 1812, à une heure du matin.

« Monsieur le Commandant,

» Je donne ordre à M. le général Lamotte de se » transporter à votre caserne accompagné d'un » commissaire de police pour faire, à la tête de la » cohorte que vous commandez, la lecture de l'acte » du sénat, par lequel est annoncée la mort de » l'Empereur, l'abolition du gouvernement impé- » rial. Ce général vous donnera aussi connaissance » de l'ordre du jour de la division, par lequel vous » verrez que vous avez été promu au grade de gé- » néral de brigade, et qui vous indiquera les fonc- » tions que vous avez à remplir.

» Vous ferez prendre les armes à la cohorte avec » le plus grand silence et le plus de diligence pos- » sible. Pour remplir ce but plus sûrement, vous » défendrez qu'on avertisse les officiers qui se- » raient éloignés de la caserne. Les sergens-major » commanderont les compagnies où il n'y aurait » pas d'officiers. Lorsque le jour sera arrivé, les of- » ficiers qui se présenteront seront envoyés à la » place de Grève où ils attendront les compagnies » qui devront se réunir, après avoir exécuté les » ordres qui seront donnés par le général Lamotte,

» et auxquels vous voudrez bien vous conformer
» en le secondant de tout votre pouvoir.

» Lorque ces ordres seront exécutés, vous vous
» rendrez à la place de Grève pour y prendre le
» commandement qui vous est indiqué dans l'or-
» dre du jour.»

Suit le dénombrement des troupes dont le colonel prendra le commandement, de celles qu'il doit
envoyer sur plusieurs points, et l'ordre de garder
soigneusement toutes les avenues de l'Hôtel-de-
Ville.

« Vous placerez, continue-t-il, au clocher
» Saint-Jean, un détachement pour être maître de
» sonner le tocsin au moment où cela deviendrait
» nécessaire.

» Ces dispositions faites, vous vous porterez chez
» M. le préfet qui demeure à l'Hôtel-de-Ville, pour
» lui remettre le paquet ci-joint ; vous vous con-
» certerez avec lui pour faire préparer une salle
» dans laquelle devra s'assembler le gouvernement
» provisoire, et un emplacement commode pour
» recevoir mon état-major qui s'y transportera
» avec moi sur les huit heures, etc.

» *Signé*, MALET.»

Le timbre placé à côté de la signature portait le
chiffre L.

Malet ajoutait un posts-criptum :

« Le général Lamotte vous remettra un bon
» de cent mille francs, destiné à payer la haute
» solde accordée aux soldats et les doubles appoin-

» temens aux officiers. Vous prendrez aussi des ar-
» rangemens pour faire vivre votre troupe qui ne
» rentrera à la caserne que lorsque la garde natio-
» nale de Paris sera assez organisée pour prendre
» le service. »

Malet se doubla en commençant ; il joua le per-
sonnage du général Lamotte qui fut arrêté, incar-
céré et détenu pendant plusieurs mois, malgré les
déclarations et l'évidence ; Cambacérès et Clarke
voulaient absolument qu'il eût pris part au mouvement.

Après la lecture des pièces, le général Lamotte
(Malet) enjoignit au colonel de le suivre. Ils vinrent ensemble au quartier où se trouvait déjà l'ad-
judant-major Piquerel qui avait mis la troupe sous
les armes. Malet échangea, en arrivant, des regards
d'intelligence avec quelques officiers. Ces braves
militaires en refusèrent obstinément l'explication
au conseil de guerre ; l'un d'eux feignit d'être
aliéné pour se dispenser de répondre ; deux autres
officiers que la police savait affiliés à cette société si
redoutable, reçurent la promesse de leur grâce et
de grandes faveurs s'ils voulaient révéler ce qui
était à leur connaissance. Mais ni avancement, ni
récompenses ne purent les décider à trahir leurs
frères ; ils furent fusillés (1).

____

(1) Voici leurs noms, l'histoire doit les conserver : Antoine
Piquerel, capitaine-adjudant-major ; — Louis-Joseph Lefèvre, lieutenant, tous deux décorés.

Malet ayant fait former le cercle à la troupe, prit la parole et l'entraîna. La mort de Bonaparte, l'abolition du régime impérial et le rétablissement de la République excitèrent un vif enthousiasme. Il promit, au nom du gouvernement provisoire, de l'avancement, des récompenses et des congés. Il termina sa brillante allocution par le cri mille fois répété de *Vive la nation !* — Ces troupes, fascinées par le regard, la voix et l'attitude imposante du général qui leur parlait en face avec tant de chaleur et de talent , l'auraient suivi partout ; on exécuta rapidement les ordres qu'il prescrivit. L'élan fut le même dans toutes les casernes (1).

Malet ne perdit pas un moment. Il fit rompre ses douze cents hommes, en forma quatre détachemens, se mit en tête du premier, rallia en passant une patrouille de dragons dont il se fit des ordonnances et se porta de sa personne à la Force. — Pendant ce temps-là, des plantons et ordonnancés répandaient les dépêches sur tous les points ; les barrières, occupées par des piquets se fermaient ; le Luxembourg était gardé par cent grenadiers, et Rabbe, colonel de la garde de Paris, faisait prendre les armes à son régiment, lui lisait les ordres du sénat et se mettait à la disposition du nouveau gouvernement.

(1) Voir le rapport de l'inspecteur de police Veyrat aux *Pièces justificatives.*

Le commissaire de police Boutreux (1), qui dé-
vançait partout le général, sonna à la Force. Le
concierge, voyant à travers du guichet un général,
des officiers et des soldats, ouvrit avec empresse-
ment et se trouva face à face avec Malet qui lui ordonna de faire sortir sur le champ les généraux
Lahory (2) et Guidal (3). Ce dernier arriva avec sa
valise ; il croyait partir pour Marseille où il devait
être jugé. Quant à Lahory, il s'habilla très lente-
ment et ce retard fut nuisible. Il apparut enfin sur
le seuil de la porte ; Guidal qui venait de tout ap-
prendre sautait de joie et endossait son uniforme.
Lahory s'était arrêté stupéfait en revoyant, après
dix ans, Malet qu'il croyait prisonnier, en habit
brodé, entouré d'officiers et de soldats qui encom-
braient la petite rue de la Force.

— « Eh ! bien , lui dit Malet , l'empereur est
» mort ; tu es libre et ministre de la police : va
» prendre possession de ton hôtel et enlève moi Sa-
» vary mort ou vif. » Puis il embrassa avec effusion
les deux généraux et tendit la main à Boccheiampe,
prisonnier d'état qu'on venait de délivrer aussi. Il

(1) Cet infortuné, saisi à Courcelle après l'exécution de Malet, fut mis à mort. Son procès n'a laissé aucune trace.

(2) Lahory, ancien chef d'état-major du général Moreau,
détenu depuis dix ans, était sur le point d'être déporté en Amé-
rique

(3) Guidal, impliqué dans un mouvement républicain du
Midi, allait être envoyé par devant un conseil de guerre siégeant
à Marseille.

donna à chacun d'eux des ordres brefs et précis qu'ils devaient exécuter avec la plus grande diligence, pour se réunir après à l'Hôtel-de-Vil e, où il devait lui-même se rendre vers neuf heures. — « Allons, leur dit-il, il n'y a pas un moment » à perdre ; mettez-vous en mouvement.»

Lahory et Guidal courent à la tête de deux cents hommes s'emparer du ministère de la police. Ils parcouraient en route les papiers que le général Malet leur avait remis. Boccheiampe et Boutreux s'empressèrent, de leur côté, de prendre possession de la préfecture de police. Tous ces points furent occupés sans opposition (1).

Lahory pénétra au ministère de la police générale, à la tête des troupes qui enfoncèrent les portes à coups de crosse. Savary, réveillé en sursaut, parut en chemise au milieu de tous ces militaires qui remplissaient son hôtel. Un officier voulait lui passer son épée à travers du corps. Lahory le retint, et dit au ministre, son ancien camarade à l'armée du Rhin : *Rassure-toi, tu tombes dans des mains généreuses.* Savary s'habille en tremblant, on le place dans son cabriolet, Guidal l'enlève et

(1) « J'avais chez moi, dit Savary dans ses *Mémoires*, un » poste de la garde soldée par la ville de Paris, qui ne demanda » pas même ce que signifiait ce désordre, et cependant il n'é— » tait placé dans mon hôtel, par l'état-major de la place, que » comme garde de sûreté. »

Il paraît que *monseigneur* le duc de Rovigo était peu aimé du soldat.

le conduit à la Force. Chemin faisant, le ministre veut s'évader, il s'élance et tombe rudement sur le pavé du quai de l'Horloge ; mais le peuple qui encombrait, à cette heure, les abords du Palais-de-justice, court après lui, le reprend et on le rejette au fond de la voiture. — Arrivé à la Force, Savary, tout essoufflé, dit au concierge : « Mon » ami, je ne sais ce qui se passe. — C'est étrange, » inconcevable. Dieu sait ce qu'il en résultera !… » Place-moi dans un cachot écarté, donne-moi des » vivres et jette la clé dans un puits. »

Quant au préfet de police Pasquier, le Gisquet de l'époque, il fut saisi comme un mouton et transporté à la Force avec le chef de la haute police Desmarest. Boutreux installa Boccheiampe à la préfecture, et, conformément aux ordres de Malet, il consigna tous les agens, saisit les papiers et organisa une surveillance rigoureuse et active au dehors.

Malet maintint le comte Frochot, *né pour être préfet,* dans ses fonctions. Il sentit qu'en se débarrassant des hauts dignitaires sans toucher aux rangs inférieurs, il attirait à lui cette masse d'employés qui suit toujours le mouvement du plus fort.

VI

En dispersant les divers corps par détachemens, Malet enleva l'influence des officiers supérieurs. Il était assuré des concours des officiers subalternes.

A huit heures, le colonel Soulier s'ébranla, ainsi qu'il en avait reçu l'ordre, et vint occuper la place et l'Hôtel-de-Ville avec un demi bataillon.

Le préfet était absent. Les employés se soumirent au sénatus consulte. Toutes les signatures furent *reconnues véritables*. Les pièces, les ordres et les proclamations trompèrent tout le monde et le préfet lui-même, qui arriva bientôt de Nogent-sur-Marne.

Il était en route et revenait paisiblement de sa maison de campagne, quand un courrier lui remit un papier où on lui disait de se hâter. Il y avait au bas de ce billet : *fuit imperator* (1). Frochot crut d'abord lire *fecit*, mais ayant déchiffré *fuit*, il prit le galop et accourut à la préfecture de la Seine, où le colonel Soulier vint le recevoir. Cet officier

(1) *L'empereur n'est plus.*

supérieur lui donna connaissance des ordres du sénat, transmis par le général Malet, commandant la première division militaire, qui l'invitait à faire tout préparer pour le recevoir quand il arriverait, vers neuf heures, avec son état-major. On lui enjoignait aussi de faire disposer convenablement une des grandes salles de l'Hôtel-de-ville pour l'installation du *gouvernement provisoire*, dont voici les noms :

> Carnot, *président*,
> Sieyes,
> Grégoire,
> Garat,
> Destutt-Tracy,
> Volney,
> Malet.

Malet comptait beaucoup sur le dévoûment et l'amitié de Carnot, qu'il savait pur de toute souillure courtisanesque. Les royalistes et les bonapartistes ont augmenté tour-à-tour le nombre des membres de ce gouvernement. Je le rétablis ici tel qu'il fut formé par le général.

Frochot se soumit promptement. Il ordonna à ses employés *d'obéir à tout ce qu'on leur commanderait*. Bonaparte le destitua à son retour. Les despotes ne peuvent compter sur personne ; l'amour de la liberté inspire seule les grandes actions. Soulier fit garder toutes les avenues de la place de Grève, et attendit de nouveaux ordres.

Pendant ce temps-là, les dispositions de Malet

s'exécutaient à merveille. Les postes étaient soumis. La Banque, la trésorerie gardées, et les administrations occupées. L'obéissance était générale. « Dans les deux régimens de la garde de Paris, » dit Savary (1), qui faisaient le service de la » place, pas une objection ne fut opposée aux or- » dres de Malet. »

Mais ici commence la faiblesse, ou plutôt l'incurie des principaux agens de la conspiration. Guidal qui était arrivé trop tard pour enlever le ministre de la guerre, parce que Lahory avait commis l'énorme faute de l'envoyer conduire Savary à la Force, manqua tout-à-coup d'activité. Il ne songea pas que, dans des opérations semblables, le moindre retard est funeste. Quant à Lahory, après avoir harangué ses employés et reçu leurs rapports, il fit atteler la voiture du ministre, et vint visiter Soulier et Frochot à l'Hôtel-de-ville ; n'y ayant pas trouvé Malet, il revint à son hôtel expédier des estafettes dans les provinces, commander des habits de grande cérémonie, écrire des billets d'invitation et de faire part.

Evidemment ces deux hommes manquèrent à leur mission ; ils se reposèrent sur Malet et s'endormirent. En conspiration, celui qui ne fusille pas l'autre dans le premier quart d'heure est un homme perdu (2).

(1) *Mémoires du duc de Rovigo*, tome 6, page 30.
(2) « Le 23 octobre est l'anniversaire de la conjuration la

VII

Malet, après avoir donné l'impulsion au mouvement, enjoignit au concierge de la Force de ne lâ-
cher aucun malfaiteur, puis il descendit les rues
Saint-Antoine, Saint-Honoré, et se porta avec cent
cinquante hommes au siége de la première division
militaire. Son but était d'entraîner Hullin ou de
l'écarter brusquement de la question. En arrivant
à l'hôtel, il fit former son monde en bataille, expé-

» plus hardie, la mieux conçue et la plus vertueuse à la fois, et
» cette grande pensée appartenait aux *Philadelphes* et à Malet. »
— Charles Nodier, *Histoire des sociétés secrètes de l'armée.*

« On a traité, dit Tibaudeau, de folie cette conspiration : on
» y voit une audace, une prévoyance, une résolution qui déno-
» tent un grand caractère.

» Le moment était bien choisi ; Napoléon était, avec toutes les
» forces de l'empire, à 650 lieues de la capitale. Il était station-
» naire dans les ruines de Moscou, et allait commencer cette
» tardive retraite qui détruisit son armée. L'avenir ne présen-
» tait pas un aspect rassurant. Malet, dans quelques heures,
» avait réussi à se rendre maître des principales forces militaires
» et des deux magistratures essentielles de Paris. Si Laborde
» eût été mieux gardé , s'il ne se fût pas mis en communication
» avec Doucet, le complot eût probablement réussi. »

dia au colonel d'état-major Doucet des ordres et des instructions par un officier, et se présenta promptement devant Hullin.

— « *Général*, lui dit-il, l'empereur est mort; » le sénat assemblé vient d'abolir le gouvernement » impérial. » Et comme il vit Hullin chanceler, il s'empressa d'ajouter : — « Je suis chargé d'une » commission qui m'est pénible.... Vous êtes des-» titué, arrêté, et je vous remplace; rendez-moi » votre épée.... » Hullin essuie la sueur qui couvre son visage, puis arrêtant fixement ses yeux sur Malet debout et impassible devant lui, il balbutie : « Cependant.... *général*.... je demanderai à voir » vos ordres. » — « Volontiers, lui dit Malet, pas-» sons dans votre cabinet. » Il précède ce dernier, ferme la porte, se retourne au moment où Hul-lin (1) lui dit : — « Eh ! bien, ces ordres. » — Les voici, » lui répond Malet en lui cassant la mâ-choire (2) d'un coup de pistolet.

En ce moment, les détachemens de la garde de Paris, envoyés par le colonel Rabbe, vinrent s'éta-blir sur la place Vendôme, et Malet la traversa pour se rendre à l'état-major général, où il trouva le co-lonel Doucet lisant les pièces que l'officier venait de lui remettre. Il avait été nommé général de bri-

(1) Hullin présida le conseil de guerre qui *jugea* le duc d'En-ghien.

(2) Le général Hullin n'en mourut pas ; on lui fit l'extraction de la balle logée dans sa mâchoire. Les gamins de Paris le sur-nommèrent *Bouffe-la-Balle*, parce qu'il était très gros.

gade; Bonaparte en fit autant pour le récompenser à son retour, ce qui fit dire aux Parisiens que ce Monsieur devait être nécessairement promu.

Le général avait ordonné qu'on s'emparât de l'adjudant-commandant Laborde, petit homme laid, grêlé, dont la débauche avait encore altéré les traits ; cet officier, que Malet suspectait à juste titre, pataugeait depuis vingt ans dans l'état-major de la place de Paris. Habitué à toutes les menées de partis, rien ne l'ébranlait. A la première vue, il s'aperçut de tout ce qui se passait. Il courut sans perdre de temps prendre vingt-cinq gendarmes et arriva à l'hôtel de l'état-major, où il pénétra par un escalier dérobé, au moment où Malet allait entraîner le colonel Doucet. Le général en voyant Laborde, lui dit d'une voix tonnante :— « Je vous avais ordonné, monsieur, de vous rendre aux arrêts forcés, que faites-vous ici? » — « Général, je ne puis sortir, les troupes m'ont barré le passage » et il fit un léger signe d'intelligence à Doucet. Le général les observe, il sent qu'il n'y a pas un moment à perdre, dégage ses pistolets.... mais une glace placée derrière lui le trahit; Laborde et Doucet se jettent promptement sur lui en criant à la fois, *au secours! au secours!* Les gendarmes embusqués dans l'escalier se précipitent, le terrassent, le garottent et le bâillonnent, tant on craignait l'effet de sa voix sur les troupes! En ce moment, arrive Rateau qui, voyant son général en ce triste état, veut tirer son épée pour le défendre;

il n'était plus temps ; saisi lui-même, il est lié et bâillonné.

Quelques instans avant survint le *comte* Réal (1), Mérillou de l'Empire, la troupe l'empêcha d'avancer. — « Il n'y a plus de comtes, lui dit le lieutenant Reynier. » Réal comprit une partie de la vérité et s'empressa de rétrograder pour en avertir le ministre de la guerre.

A dix heures moins un quart, Laborde et Doucet, après avoir délibéré, se décidèrent à montrer aux troupes, sur le balcon, Malet et Rateau entourés de gendarmes. Ils s'écrièrent : « L'empereur n'est » pas mort ! Votre père vit encore ! Ces hommes » sont des imposteurs ! » La troupe rentra dans ses quartiers.

Les dispositions de Malet étaient si bien prises que son arrestation n'eût été qu'un léger contretemps ; il eût été bientôt délivré, et son courage et son habileté auraient réparé cet échec ; mais la mollesse et l'inintelligence des deux autres généraux firent tout avorter.

Si Lahory avait exécuté rapidement ses ordres, si Guidal n'eût pas, par sa lenteur, manqué de quelques secondes le ministre de la guerre, s'ils avaient eu un peu plus de tact, d'activité et de présence d'esprit, Malet eût été bientôt dégagé et rien n'était perdu. Mais il ne pouvait être partout et ne

---

(1) L'ex-républicain Réal défendit à Vendôme l'héroïque Babœuf et ses braves compagnons.

devait pas, au début, confier la clef du mouvement à des mains maladroites ou inhabiles ; c'était à eux à le deviner, à le seconder, à s'improviser une conduite digne de leur chef.

Lahory de retour au ministère de la police, s'occupa des détails de son installation. Il écrivit à toutes les sociétés secrètes de l'est et du midi ; un de ses courriers fut arrêté à Orléans. Ce fut là le seul acte de son pouvoir. Guidal fit pis encore, il se reposa tout-à-fait, savourant les charmes d'une liberté inespérée et invitant ses amis à déjeûner. On les surprit tous deux dans ces honteuses occupations.

Lahory, consterné à la nouvelle de l'arrestation de Malet, n'eut pas la force de résister à Laborde. Il se laissa attacher dans un fauteuil sans songer à faire un appel à ses soldats. Tous les conspirateurs furent successivement arrêtés et conduits à la Force. Laborde, et Saulnier, secrétaire du ministre de la police, firent sortir Savary, Desmarets et Pasquier, qui regagnèrent tout confus leurs domiciles. « J'appris depuis, dit Saulnier, que les » guichetiers et les soldats crurent que c'était une » translation dans une autre prison que l'on ef- » fectuait. »

A midi, tous les fils de la conspiration étaient rompus, et, cependant, non seulement les troupes refusèrent à Pasquier l'entrée de la préfecture de police, mais il fut poursuivi à coups de crosse et obligé de se réfugier chez l'apothicaire Sillan (1), où il se fit administrer des *calmans*; on voulut aussi *embrocher* Savary, et Laborde lui-même, envoyé pour faire cesser le désordre, fut enlevé par les soldats qui le traînèrent malgré ses cris à l'état-major-général, où ils croyaient trouver Malet (2). Clarke, de son côté, avait perdu toute présence d'esprit. Cambacérès tremblait de tous ses membres. —« Ah ! mon Dieu ! dit-il à son secré- » taire éperdu, ils vont venir me massacrer... Je » vous reconnais bien là, mon cher, vous venez » mourir avec moi ! »

Saulnier, en sortant de la Force, courut chez Hullin, qu'il trouva dans un pitoyable état, pouvant à peine prononcer quelques mots incohérens. Cambacérès se tordait les bras sans savoir quel parti prendre. Il fut lui annoncer l'arrestation du général Malet, ce qui soulagea l'archi-chancelier, duc de Parme, d'un poids énorme.

Le lendemain, les Parisiens apprirent par les journaux asservis que des *brigands, échappés de prison, avaient tenté de substituer l'anarchie à l'autorité légitime.* Ils exaltaient la vigilance de la police, la force du gouvernement impérial, se gar-

(1) Voir le rapport de l'inspecteur de police Veyrat (*Pièces justificatives*), et Montgaillard, tome 7, page 131.

(2) « Cet incident prouve de nouveau combien le général Ma- » let pouvait déjà compter sur ses soldats, s'il eût été efficace- » ment secondé par les généraux Lahory et Guidal. » — Saul- nier, *Conspiration Malet*.

dant bien de parler du but des conspirateurs.

Le jour suivant, les ministres vinrent à l'Opéra pour rassurer la capitale, et Cambacérès donna un banquet splendide au célèbre Rocher de Cancale.

« *Il y eut,* dit Montgaillard, *véritablement in-* » *terrègne à Paris pendant quelques heures.* »

Les Parisiens poursuivaient de leur épigrammes le ministre détesté qu'on avait enlevé presque nu, et ce ridicule Pasquier qui était allé se rassurer chez un apothicaire (1).

Le conseil des ministres décida le lendemain qu'il appellerait cela une *équipée,* et cependant il fit prononcer quatorze condamnations à mort, et il emprisonna ou exila quinze cents citoyens *sous prétexte de jacobinisme.* Lafon fait monter ce nombre à deux mille : je le crois exagéré.

Si Malet eût pu se multiplier, ou s'il eût eu des seconds vigoureux , tout était fini ; car, en faisant fusiller les hauts dignitaires, la plupart traîtres à tous les régimes, il compromettait la population et l'armée. Le peuple criait déjà *à l'eau !* tandis qu'on enlevait Pasquier et Savary pour les con- duire à la Force. Nul doute que le général se fût maintenu rapidement.

Malet s'était bien mis en mesure d'éviter les in-

______

(1) Les calembourgs pleuvaient sur Savary et Pasquier, qui, disait-on, avaient fait un *fameux tour de force.* — Les dames répétaient qu'ils auraient mieux fait de s'assurer de ce qui se passait dans les prisons que dans leurs boudoirs.

convéniens qui l'assaillirent au début, mais Lahory et Guidal, qui comptaient sur lui, perdirent
un temps précieux que Laborde sut mettre à
profit.

L'intention du général était, comme on l'a vu,
de briser d'un seul coup le gouvernement impérial pour lui substituer la république. Il avait
en outre sous la main l'impératrice et le roi de
Rome, qu'il eût fait enlever. Clarke, quand tout
était déjà fini, dirigea, en poste, l'école de Saint-
Cyr sur Saint-Cloud, pour mettre leurs augustes
et précieuses Majestés à l'abri d'un coup de main.

Cette affaire, travaillée avec tant de soin, avait
partout d'immenses ressources. Bonaparte savait
bien que les républicains n'étaient pas morts, lorsqu'en menaçant les alliés, il s'écriait : *Gare si je
prends le bonnet rouge! gare si je leur lâche les
jacobins!* Certainement, l'exemple de ces hommes
surpris et obéissans au génie de la conspiration,
prouve suffisamment qu'elle aurait réussi si elle
eût tenu un seul jour, — Voici, d'ailleurs ce qu'en
dit Savary (*duc de Rovigo*) dans ses mémoires :

« — Sans les contretemps qui firent manquer
» une partie de son plan, le général Malet aurait
» été maître de beaucoup de choses en peu de mo-
» mens ; et, dans un pays si susceptible de la con-
» tagion de l'exemple, il aurait eu le trésor, la
» poste et le télégraphe. Il aurait su par l'arrivée
» des estafettes de l'armée la triste situation où

» étaient les affaires, et *rien ne l'aurait empéché de*
» *se saisir de l'empereur, lui-méme* s'il était arrivé
» seul, ou de marcher à sa rencontre, s'il était venu
» accompagné.

» Le danger dont la tranquillité publique fut
» menacée était grand, et l'on reconnut, malgré
» soi, un *côté faible* dans notre position que l'on
» croyait *mieux affermie.*

» On fut surtout frappé de la facilité avec laquelle
» on fit croire aux troupes la mort de l'empereur,
» sans qu'il vînt à l'idée d'un seul officier de penser
» à son fils. »

Certes, Malet calcula bien tout cela ; il avait en
commençant de grandes chances de succès, et il
aurait gardé ses avantages.

« Ce fut, dit M. de Ségur, à la hauteur de Mika-
» lewka, et le 6 novembre, à l'instant où des nuées
» chargées de frimats crevaient sur nos têtes, qu'une
» estafette, la première qui depuis dix jours eût pu
» pénétrer jusqu'à nous, vint apporter la nouvelle
» de cette étrange conjuration.... L'empereur ap-
» prenait à la fois leur crime et leur supplice....
» Ceux qui de loin cherchèrent à lire sur ses traits
» ce qu'ils devaient penser, n'y virent rien. Mais
» dès qu'il fut seul avec ses officiers les plus dé-
» voués, ses émotions éclatèrent par des exclama-
» tions d'étonnement, d'humiliation et de colère.
» Quelques instans après, il fit venir plusieurs au-

» tres militaires pour remarquer l'effet que produi-
» sait une aussi étrange nouvelle. Il vit une douleur
» inquiète et la confiance dans la stabilité de son
» gouvernement tout ébranlée.... La grande révo-
» tion de 89, que l'on croyait terminée, ne l'était
» pas (1) ». Quelle action eût donc eue sur l'armée
» la réussite des combinaisons de Malet !

Bonaparte fut saisi de cette effrayante révélation,
et dut sentir que son trône usurpé croulerait sous
lui. A son retour à Paris, le sénat lui rendit
compte de cette affaire. Entre autres phrases louan-
geuses, je cite celle-ci :

« L'absence de Votre Majesté, Sire, est toujours
» une calamité nationale....
» Pendant que Votre Majesté Impériale et Royale
» était à la tête de ses armées *victorieuses*, des hom-
» mes échappés des prisons, où votre clémence
» impériale les avait soustraits à la mort (et nous
» savons que Malet fut détenu *préventivement* pen-
» dant de longues années) méritée par leurs crimes
» passés, ont voulu troubler l'ordre dans cette
» grande cité. Ils ont porté la peine de leurs nou-
» veaux attentats....

. . . .

» Le sénat, premier conseil de l'empereur, et

(1) « L'empereur appela cette conspiration un *malheur hon-*
» *teux*, et quoiqu'il en fût profondément affecté, il n'en parlait
» qu'avec dédain ou avec une sombre gaîté. » — Saulnier.

» *dont l'autorité n'existe que lorsque le monarque la*
» *réclame et la met en mouvement*, est établi pour
» la conservation de cette monarchie et de l'héré-
» dité de votre trône dans NOTRE QUATRIÈME DYNAS-
» TIE. » Les menteurs, on le voit, ne sont pas nés
d'hier : M. Dupin a parlé aussi, je crois, d'un *troi-*
sième roi des Français....

Bonaparte répondit :

« ... C'est à *l'idéologie* de ces hommes de sang qui
» ont proclamé le principe d'insurrection comme
» un devoir, et qui ont adulé le peuple en le pro-
» clamant à une souveraineté qu'il est *incapable*
» *d'exercer*, qu'on doit attribuer les malheurs qu'a
» éprouvés notre belle France. »

Tels étaient les principes du *grand homme* qui,
sans la souveraineté du peuple, fût resté dans l'oubli. En sortant de la séance du sénat, Bonaparte
convoqua son conseil des ministres et ses grands
dignitaires. Furieux et frappant du pied, il les
apostropha en ces termes :

« .... Eh! quoi, c'est un prisonnier d'état, homme
» obscur, qui s'échappe pour emprisonner à son
» tour le préfet, le ministre même de la police, ces
» gardiens de cachots, ces flaireurs de conspirations,
» lesquels se laissent moutonnement garotter. Eh!
» bien, messieurs, ajouta-t-il, vous prétendez et
» vous dites avoir fini *votre* révolution ! Vous me
» croyiez mort, dites-vous ; je n'ai rien à dire à

» cela.... Mais le roi de Rome ! vos sermens , vos
» principes, vos doctrines !... vous me faites frémir
» pour l'avenir... (1). »

Bonaparte oubliait qu'il avait lui-même donné
l'exemple de la trahison. Dans une république, il
eût été condamné à mort pour sa campagne de Russie. Il reprochait à ces hommes de manquer à leurs
sermens ! Mais il avait lui-même donné l'exemple
én foulant aux pieds la liberté qui l'avait tiré du
néant. Général, Bonaparte avait des amis, des sou-
tiens dans la loyauté française ; empereur, il n'eut
que des complices chamarrés, titrés, dotés, enno-
blis et conséquemment avilis et parjures.

VIII

La justice de l'empire était expéditive et brève,
comme celle de toutes les monarchies qui règnent
par le sabre.

---

(1) Voici comment Fouché caractérise, dans ses *Mémoires*,
les principaux fonctionnaires du temps :

« Cambacérès, homme lâche et flétri, vrai sycophante.

» Savary, raide officier de gendarmerie, nul en politique.

» Pasquier, excellent magistrat pour statuer sur les boues et
» les lanternes, pour régler la police des marchés , des jeux,
» des courtisanes, mais vide de sens et chargé de paroles.

» Hullin, épais, engourdi et gauche. » —Tome, 2, page 138.

Le 27 octobre, Malet et ses vingt-quatre malheureux compagnons parurent devant une commission militaire, présidée par le *comte* Dejean (1), inspecteur-général du génie. Parmi tant d'avocats soi-disant *libéraux* il ne s'en rencontra pas un seul qui osât se charger de la défense du principal accusé.

La conduite du général devant ses juges fut, comme à la tête des troupes, empreinte du plus généreux courage et de la plus grande dignité. Il espérait sauver ses infortunés co-accusés qui n'avaient fait qu'obéir. Mais la police avait à venger ses affronts, et l'on sait combien elle est vile.

La séance fut ouverte à sept heures du matin. En un seul jour vingt-cinq hommes furent expédiés. Quatorze condamnés à mort et le reste ensevelis dans les cachots. Le sténographe du ministère de la guerre, Berton, recueillit assez imparfaitement les débats, j'ai cru devoir recourir à d'autres documens officiels.

On écarta la participation du général Lamotte. Malet avait dit que ce n'était qu'*un être de raison*.

L'interrogatoire commença à deux heures. Gui-

______

(1) Juges : DEJEAN, *président* ; — DERIOT, général ; — HENRY, major de la *gendarmerie* d'élite ; — GÉNEVAL , colonel de la 18e légion de *gendarmerie* ; — Le colonel MONCEY, premier aide-de-camp du premier inspecteur-général de la *gendarmerie*; — THIBAULT, major au 12e léger ; — DELON, capitaine d'état-lat-major, *rapporteur* ET JUGE.

Voir aux *Pièces justificatives* les noms des accusés.

dal apostropha énergiquement ses juges, Lahory
fut plus calme et montra une présence d'esprit et
une fermeté qu'il n'avait pas déployée l'épée à la
main. — « J'ai été trompé, dit-il, comme le préfet
» de la Seine et le ministre lui-même. Pourquoi ne
» sont ils pas assis à mes côtés? — Je n'avais pas
» vu le général Malet depuis douze années, j'en
» avais passé neuf loin de ma patrie, dans l'exil,
» après avoir laissé mes biens, je fus jeté nu sur
» une terre étrangère. J'avais peut-être quelques
» droits pour désirer un nouvel ordre de choses....
» Je ne l'ai ni préparé, ni eu aucun rapport avec
» le général Malet avant l'événement. Il me dit : il
» n'y a pas un moment à perdre ; j'ai obéi après
» avoir pris connaissance des pièces. J'avais vu au
» 18 brumaire une révolution qui s'était faite de la
» même manière. On croit aisément à ce qu'on
» désire, j'ai été trompé comme tout un corps d'officiers. » Il voulut ensuite parler de ses antécédens
qu'on avait défigurés. Mais il fut interrompu par le
président. — « Mon caractère, reprit Lahory, est
» une chose que je suis bien aise de faire connaître
» dans *ces derniers momens*. Le temps des juges
» peut-être précieux, mais dans une situation
» semblable....»

LE PRÉSIDENT.— » Le passé ne peut ni atténuer,
» ni aggraver en aucune manière le présent. Tai-
» sez-vous. »

LAHORY.— « Le caractère de l'accusé n'entre-t-il

» pas aussi dans la balance du jugement des juges ?»
— On ne voulut pas l'écouter.

Les accusés se plaignirent de n'avoir pas de défenseurs. Un seul se présenta, il avait peu l'habitude de la parole, et déclara à la commission que les pièces venaient seulement, depuis quelques heures, de lui être communiquées.

Malet avait la tête haute et le regard fier devant la commission (1). Il aidait ses co-accusés dans leurs réponses et se fit, malgré les juges, leur défenseur officieux.

MALET.— « J'avais pris tous mes moyens pour » prouver que j'obéissais d'après des ordres supé- » rieurs, ces officiers sont innocens. »

LE PRÉSIDENT.— « Quels étaient donc vos complices, nommez-les ? »

MALET. — « *La France entière, et vous même, Monsieur, si j'avais réussi.* »

Le colonel Rabbe était très ému mais résigné.

Le vieux capitaine de grenadiers Bordérieux, croyant toucher la commission, criait : *vive l'Empereur!*

Rateau dit aussi qu'il n'avait fait qu'exécuter des ordres. — Malet prit de nouveau la parole. — « La défense de Rateau, dit-il en commen- » çant, me regarde plus personnellement que la » mienne...»

(1) « La conduite de Malet, dans ces débats, suffirait à la » renommée d'un des hommes de Plutarque. » — Charles Nodier, *Histoire des sociétés secrètes de l'armée*, page 276.

Le colonel Soulier se plaignit amèrement d'être privé de défenseur : « Il devait, dit-il, se présenter » à cette audience, je ne le vois pas.

» J'ai vingt-cinq ans de service, ajouta t-il, » quatorze blessures, une femme et quatre enfans; » dans le mois de février dernier l'ennemi enve- » loppe le mont Jouy, à Barcelonne; il me fait » offrir cinq cent mille francs et le grade de géné- » ral au service d'Espagne, si je veux livrer la » place. Je répondis à coups de canon et fis lever le » siège avec *cinq cents* hommes contre *quinze* » *mille* hommes. *Monseigneur*, consultez le minis- » tre de la guerre, il vous certifiera ce fait. » Le malheureux fit en vain un appel à la clémence de ses juges… — Malet crut devoir se lever encore en sa faveur. — « Monsieur le colonel se trouvait » sous mes ordres, aussi bien que si j'avais été un » général envoyé par le sénat, j'en jouais le rôle en » ce moment là, il devait m'obéir parce que je l'au- » rais fait obéir s'il avait résisté…»

M⁰ Caubert, *le seul avocat* qui ait paru à la barre, défendit fort mal cinq ou six accusés à la fois. La plupart des autres prévenus gardèrent le silence. Le pauvre Boccheiampe, très peu fami- liarisé avec la langue française, fut réduit à se dé- fendre lui-même. Vint le tour de Malet.

— LE PRÉSIDENT : « Accusé, vous avez la pa- role. »

—MALET, debout. « *Un homme qui s'est consti- tué le défenseur des droits de son pays, n'a pas besoin de défense, il triomphe ou meurt.* » Il se rassied.

Le 27 octobre la commission militaire prononça, à la presque unanimité, *quotorze* condamnations à mort (1). Tous les autres accusés, *acquittés*, furent mis à la disposition du ministre de la guerre, et détenus jusqu'en 1814 dans les prisons d'état. « Ce sang versé, dit Saulnier, *sans* » *ménagement,* préparait bien mal les esprits à la connaissance de nos désastres. »

Le 28 octobre 1812, les voitures des condamnés se dirigèrent au grand trot vers la plaine de Grenelle. Malet mit la tête à la portière et dit à des étudians, groupés tristement sur son passage : « *Jeunes gens, rappelez-vous du vingt-trois octo-*

(1) Noms des condamnés à mort :

Le général MALET, 58 ans, à l'unanimité.

Le général LAHORY, 46 ans,   id.

Le général GUIDAL, 47 ans,   id.

Le colonel SOULIER , 45 ans,   id.

Le colonel RABBE, 56 ans, 6 contre 1 ; sursis pour lui.

Le capitaine ROUFF, 48 ans, à la majorité *suffisante* de 3 voix contre 4!

Le capitaine BORDÉRIEUX, 41 ans, à l'unanimité.

Le capitaine STEENHOUWER, 49 ans,   id.

Le capitaine PIQUEREL, 41 ans,   id.

Le lieutenant REYNIER, 34 ans,   id.

Le lieutenant LEFEBVRE, 45 ans,   id.

Le lieutenant BEAUMONT, 39 ans,   id.

Le caporal RATEAU, 28 ans,   id.

BOCCHEIAMPE, prisonnier d'état, 42 ans, id.

bre! » C'était un appel à la mémoire et au courage de la génération future.

« je jette vers vous cette poussière, disait Grac-
» chus expirant, et de cette poussière me naîtra
» bientôt des vengeurs!»

Les condamnés, arrivés sur le terrain, se mirent, Malet en tête, sur un rang, face au peloton qui devait les fusiller. Ils étaient calmes et presque tous silencieux. Le général Guidal s'exhalait en vociférations contre l'empereur. Le colonel Soulier murmurait douloureusement par intervalles : « Mes pauvres enfans ! ma pauvre famille !...

« Colonel, lui dit Malet, la mienne en prendra
» soin. » — Puis, élevant la voix : « Silence, dit-
» il à ses malheureux compagnons, c'est à moi de
» commander ici ! — Garde à vous !... peloton ! »
et il commanda le feu avec cette vigueur, ces accens pénétrans et sonores, que ceux qui avaient servi sous lui du temps de la république n'avaient point oubliés.

Au commandement de *joue* quelques soldats tressaillirent, des armes vacillèrent...; mais au cri de, feu ! cent vingt balles criblèrent tous ces braves à bout portant. Malet seul resta debout, la main sur le cœur, l'œil sec et fixé sur la troupe. Le vieux capitaine Bordérieux râlait encore à terre son cri de vive l'empereur.....« Va, pauvre soldat,
» lui dit ironiquement Malet, ton empereur a reçu
» comme toi le coup mortel ; » et, tout ruisselant de sang, il se tint ferme et immobile sur les jar-

rets jusqu'à ce qu'un nouveau peloton, s'étant avancé, il fut achevé et tomba sur le visage en murmurant : Vive la liberté !...

— Un officier de gendarmerie, indigne de porter l'uniforme, dans un zèle outré pour son maître, fit baïonneter, par des soldats ivres, le cadavre de ce grand citoyen. Les murmures de la troupe protestèrent contre cette lâche atrocité.

Ainsi finit à cinquante-huit ans ce glorieux martyr de la *liberté* et de *l'égalité*, qui fut toujours fidèle à sa noble devise.

Jeune, il combattit les rois ; à l'âge mûr, époque d'ambition pour tant d'autres, il repoussa les séductions du tyran, et préféra aux salons dorés du monarque le terrain brûlant et dangereux des conspirations, le cachot et les fers, où son ame était libre, aux grades et aux honneurs des esclaves ; vieux, il versa tout son sang pour délivrer son pays par un sublime effort qui surprendra tout le monde.

Madame Malet eut la douleur de survivre à son mari. Arrachée brusquement de son domicile par la police, elle fut détenue, plus d'un an, dans un affreux cabanon des Madelonnettes, parmi les filles de mauvaise vie. Cet emprisonnement fut un secret absolu, le lieu même de sa réclusion était ignoré de son fils, dont une honorable famille de Flandre voulut bien se charger. On se fera une idée de la fureur des ennemis du général Malet, quand on saura que sa veuve manqua des choses les plus utiles à sa santé, et qu'elle ne put obtenir des vétemens de deuil que lorsque son unique robe fut tombée en lambeaux. On la tenta vainement, dans les interrogatoires, en lui promettant son élargissement en échange d'éclaircissemens qu'elle ne pouvait donner. Elle souffrit patiemment. Cependant Bonaparte ayant fait mettre cette dame en liberté, voulut lui accorder une pension et une bourse, pour son fils, à l'école militaire ; mais madame Malet refusa ouvertement l'une et l'autre de ces faveurs.

« J'aime mieux, disait-elle, travailler pour me
» suffire à moi-même, et laisser mon fils à la charge
» de ses amis, que d'avoir quelque obligation à l'as-
» sassin de mon mari. »

Au retour des Bourbons, des amis empressés, soutenus par le frère cadet du général, représentèrent Malet comme un ami de la *bonne cause*.

Louis XVIII accorda, en effet, une épaulette de sous-lieutenant de chasseurs à Aristide Malet, mais cette petite manœuvre n'eut pas un long succès ; il y avait à la cour de ces individus de tous les régimes qui éclairèrent le roi à cet égard, et ce jeune homme n'obtint plus aucun avancement.

Épitaphe du général Malet, faite, le 15 janvier 1813, par Lavigne, élève du lycée Charlemagne. — Cet enfant, âgé de treize ans et demi, fut chassé du collége, et la police persécuta sa famille.

HIC JACET INFELIX MISERANDO CARMINE MALET
FLENDUS, CUI SI NON FAVIT FORTUNA, TYRANNI
VICTIMA SI PERIIT, MAGNIS TAMEN EXIDIT AUSIS.

Ici repose le malheureux Malet, qui, si la fortune ne le favorisa point, et s'il périt victime du tyran, mérite d'être pleuré en vers touchans, car il mourut pour avoir tenté une grande et audacieuse entreprise.

PIÈCES JUSTIFICATIVES.

PROCLAMATION DE MALET

Lue dans les divers quartiers et afichée dans les rues et les places
publiques.

Le général de division commandant la force armée de Paris et les
troupes de la première division militaire.

Citoyens et soldats !

Bonaparte n'est plus ! le tyran est tombé sous les coups des
vengeurs de l'humanité ! graces leurs soient rendues ! ils ont
bien mérité de la patrie et du genre humain.

Si nous avons à rougir d'avoir si long-temps supporté à notre
tête un étranger, un Corse, nous sommes trop fiers pour y
souffrir un enfant *bâtard*.

Il est donc de notre devoir le plus sacré de seconder le sénat
dans la généreuse résolution de nous affranchir de toute tyrannie.

Un sincère et ardent amour de la patrie nous inspirera les
moyens nécessaires pour opérer cette urgente et dernière révolution. Mais c'est à votre courage, à votre parfaite union, à
votre confiance réciproques, que nous devrons nos glorieux
succès.

Citoyens, dans cette journée à jamais mémorable, reprenez
toute votre énergie, arrachez-vous à la honte d'un vil asservis-
sement, l'honneur et l'intérêt se réunissent pour vous en faire
la loi : c'est un régime qu'il faut renverser. C'est la liberté à
reconquérir pour ne plus la laisser perdre.

Térassez tout ce qui oserait s'opposer à la volonté nationale;
protégez tout ce qui s'y soumettra.

Soldats, les mêmes motifs doivent vous animer. Il en est
encore un plus puissant pour vous, celui de ne plus prodiguer
votre sang dans des guerres injustes, atroces, interminables et
contraires à l'indépendance nationale. Prouvez à la France et
à l'Europe que vous n'êtes pas plus les soldats de Bonaparte
que vous ne fûtes ceux de Robespierre (1). Vous êtes et serez

(1) On comprendra facilement que Malet avait ici à ménager les pré-
jugés de la *terreur*, dont les réactionnaires royalistes, girondins et bonapartistes avaient chargé la mémoire du plus vertueux des hommes.

toujours les soldats de la patrie, qui saura vous restituer le juste avancement dû à vos services et dont vous êtes frustrés depuis si long-temps?

Légionnaires civils et militaires, on conserve votre institution : nous devons, n'en doutez pas cette faveur insigne au serment que nous avons fait de défendre la *liberté*, *l'égalité*, et de combattre la *féodalité* de tous nos moyens. Tel est notre serment ; il doit être gravé dans nos cœurs. Comme un de vos commandans, je vous requiers de l'accomplir. Mais souvenez-vous qu'il n'y a de vraie liberté que celle qui est le fruit de la raison, des vertus, d'autre égalité que celle qui provient des lois.

Toute autre idée ne serait qu'une folie qui finirait toujours par rendre la tyrannie inévitable; et il se trouverait encore des hommes assez lâches, assez pervers pour dire qu'elle est nécessaire.

Travaillons tous de concert à la régénération publique. Pénétrons dans ce grand œuvre qui méritera à ceux qui y participeront la reconnaissance des contemporains, l'admiration de la postérité, et qui lavera la nation, aux yeux de l'Europe, des infamies commises par le tyran.

Réunissons nos efforts pour obtenir une constitution, qui assure le bonheur des Français. Quelle soit basée sur la raison et sur la justice, et nous serons certains d'y parvenir.

Mes braves camarades, le champ de la véritable gloire est ouvert, de celle qui vous fera estimer, chérir de vos concitoyens; de celle qui vous vaudra de justes récompenses nationales. Saisissez une si belle occasion pour vous montrer dignes du nom français; mourons s'il le faut, pour la patrie et la liberté, et rallions-nous toujours au cri de *vive la nation !*

Signé : MALET.

Quel tact, quelle habileté, quelle force à la fois ! C'était bien là, au début, ce qu'il avait à dire pour rassurer les uns, stimuler les autres et entraîner tout le monde.

Voici un rapport précieux pour l'histoire de la conspiration. Il émane d'un agent principal de la police du temps ; ce sbire s'adresse à Pasquier.

« Paris, le 4 novembre 1812.

» Monsieur le préfet,

» Vous m'avez ordonné de vous faire un rapport particulier sur la conduite des militaires de la garde départementale pendant la matinée du 23 du mois dernier.

» La première troupe qui a cerné la préfecture, celle qui vous en a arraché, appartient à la dixième cohorte.

» A l'instant même de son arrivée à la préfecture, Lahory s'est assuré du sergent qui commandait la garde, composée des soldats de la réserve, et lui remit une carte portant son timbre, en lui disant de ne laisser sortir ou entrer que les porteurs de pareilles cartes. De suite le sergent plaça des hommes de son poste aux diverses issues, et donna cette consigne qu'ils exécutèrent aussi sévèrement que les soldats de la dixième cohorte et ceux de la garde de Paris, commandés par le lieutenant Beaumont et que remplacèrent ces derniers après votre enlèvement.

» Instances, menaces, rien ne put déterminer les soldats de la garde de Paris et ceux du poste de la préfecture à nous laisser sortir. Vingt fois les uns et les autres nous ont mis la baïonnette sur la poitrine, et donné de fortes bourrades pour nous faire reculer.

» Sans pouvoir personnellement indiquer aucun militaire de la garde de Paris et du poste de la préfecture, je puis affirmer, monsieur le préfet, en avoir entendu LA MAJEURE PARTIE *tenir d'odieux propos sur la mort prétendue de l'empereur et ces malheureux* INSULTAIENT DÉJA A SA MÉMOIRE.

» Le lieutenant Beaumont a menacé l'inspecteur-général de lui passer son épée à travers du corps, parce qu'il lui faisait sentir tout l'odieux de sa conduite.

» Enfin, monsieur le préfet, lorsque, rendu à la liberté, vous êtes revenu à la préfecture, que le *lieutenant Beaumont a voulu vous faire arrêter de nouveau*, les soldats qui vous poursuivaient jusque chez l'apothicaire Sillan, la baïonnette en avant, et qui même vous ont mis en joue, appartenaient à la garde de Paris et au poste de la préfecture. Vous savez qu'ils ont voulu, dans la premier moment forcer le domicile du sieur Sillan pensant que vous y étiez, nous avons été assez heureux pour les en empêcher.

» Quand le colonel Rabbe et l'adjudant Laborde vinrent pour faire retirer le lieutenant Beaumont et sa troupe, à votre rentrée à la préfecture (vous étiez suivi d'un peuple nombreux (1)), l'air retentit des cris de vive l'empereur! Les soldats de la garde de Paris et de la garde départementale restèrent seuls *muets*, et *ne prirent presque aucune part à la joie que chacun montrait, en apprenant l'arrestation des brigands Malet et Lahory.*

VEYRAT

Pour copie conforme,

Le ministre de la guerre
Duc DE FELTRE.

NOMS DES ACCUSÉS.

Claude-François Malet, né le 28 juin 1754, à Dôle (Jura), ex-général de brigade.

Victor-Claude-Alexandre Fanneau-Lahory, né le 6 janvier 1766, à Gavron (Mayenne) ex-général de brigade.

Maximilien-Joseph Guidal, âgé de 47 ans, natif de Grasse (Var), ex-général de brigade, jouissant de sa réforme depuis environ dix ans.

Gabriel Soulier, né le 2 décembre 1767 à Carcassonne (Aude), colonel, commandant la 10ᵉ cohorte des gardes nationales, membre de la Légion-d'Honneur.

Gomont, né le 27 mars 1768, à Metz (Moselle), sous-lieutenant à la 10ᵉ cohorte, 1ʳᵉ compagnie.

Antoine Piquerel, né le 11 novembre 1771, à Neufmarché (Seine-Inférieure), domicilié, avant son entrée au service, à Pontoise (Seine-et-Oise), membre de la Légion-d'Honneur.

Louis-Charles Fessart, né le 22 février 1769, à Méru (Oise), lieutenant à la 10ᵉ cohorte, 3ᵉ compagnie.

Louis-Joseph Lefèbvre, né le 2 juin 1767, à Lille (Nord), sous-lieutenant à la 10ᵉ cohorte, 2ᵉ compagnie, membre de la Légion-d'Honneur.

Nicolas-Josué Steenhouwer, né le 7 octobre 1763, à Amster-

(1) Probablement les mouchards qui avaient fui au premier bruit.

dam (Zuiderzée), capitaine commandant la 1re compagnie de la 10e cohorte.

Louis-Marie Régnier, né le 5 avril 1778, à Château Renard (Loiret), lieutenant de la 4e compagnie de la 10e cohorte.

Joachim-Alexandre Lebis, né le 19 avril 1773, à Vimoutier (Orne), domicilié à Bauvais, lieutenant à la 10e cohorte, 2e compagnie.

Joseph-Louis Boccheiampe, né en 1770, à Olleta (Corse), et depuis dix ans prisonnier d'état, depuis le mois de février dernier détenu à la force.

Pierre-Charles Limozin, né le 8 juin 1773, à Bourges (Cher), adjudant sous-officier au régiment d'infanterie de la garde de de Paris, caserné aux Minimes.

Jean-Charles-François Godart, né le 18 avril 1760, à Paris (Seine), capitaine de première classe au 1er bataillon du régiment de la garde de Paris, infanterie.

Hilaire Beaumont, né le 28 octobre 1773, à Poitiers (Vienne), lieutenant au régiment d'infanterie de la garde de Paris.

Jean-Joseph-Julien, né le 4 avril 1783, à Farni-Fontaine (Forez) sergent major d'infanterie à la garde de Paris, 2e compagnie du 2e bataillon.

Pierre Borderieux, né le 29 septembre 1771, à Roanne (Rhône), capitaine de grenadiers au régiment d'infanterie de la garde de Paris, membre de la Légion-d'Honneur.

Jean-Henri Caron, né le 15 décembre 1773, à Paris (Seine), adjudant sous-officiers au régiment d'infanterie de la garde de Paris, 2e bataillon.

Georges Rouff, né le 6 janvier 1764, à Bouxweiller (Bas-Rhin), capitaine au régiment d'infanterie de la garde de Paris, 1re compagnie, 2e bataillon, et commandant par intérim le bataillon.

Jean-François Rabbe, né à Pesme (Haute-Saône), le 16 janvier 1757, colonel du régiment de la garde de Paris, infanterie, officier de la Légion-d'Honneur.

Amable-Aimé-Provost, né en juillet 1789, à Clermont (Oise), lieutenant de la 1re compagnie de la 10e cohorte.

Joseph-Antoine Viallevielhe, né le 27 décembre 1781, en la commune de Crest (Puy-de-Dôme), adjudant sous-officiers au régiment de la garde de Paris.

Jean-Baptiste Caumette, né le 23 juillet 1784, à Paris (Seine), sergent major au régiment d'infanterie de la garde de Paris, membre de la Légion-d'Honneur.

Jean-Auguste Rateau, né le 12 mars 1784, à Bordeaux (Gironde), caporal au régiment d'infanterie de la garde de Paris, 1er bataillon, 2e compagnie.

HOMMAGE AU GÉNÉRAL MALET

PAR NÉPOMUCÈNE-LOUIS LEMERCIER

Membre de l'Institut.

L'aquilon qui portait les plaintes déchirantes
Des légions au loin sous la neige expirantes,
Frappe, éveille un grand cœur, à l'ombre des prisons
Où l'avaient par avance inhumé tes soupçons.
Héroïque vengeur de ma chère patrie,
Malet voit ton empire, et son ame aguerrie
Pense qu'il ne faut plus qu'un salutaire effort
Pour détruire un fantôme et proclamer ta mort.
Les cartes, qu'en un jeu sa main tenait la veille,
Font place à son épée ; il sort... et notre oreille
Entend un homme seul ! ô magnanimité !
Qui du bruit de ta chute emplit notre cité,
Et sans peur du concours de tes nombreux sicaires,
Abat les défenseurs de ses mains téméraires.
La pitié le trahit, hélas !... et ce héros,
Martyr abandonné, tombe sous tes bourreaux !
A ce sublime élan qui sauvait tant de têtes,
Ose donc comparer le fruit de tes conquêtes !
Ce seul coup révéla que sur un frêle appui
S'asseyait ta grandeur, écroulée aujourd'hui ;
Ce coup eût suspendu les luttes meurtrières ;
Ce coup eût garanti l'honneur de nos frontières,
Ce coup eût au sénat, dès-lors conservateur,
Donné droit de proscrire un tyran *déserteur*.
Et nous n'eussions pas vu ses terreurs criminelles
Te dévouer encor des cohortes nouvelles.
Où languissait ce brave ? Au rang des malheureux
Dont le premier Brutus feignit le trouble affreux ;
Tandis que des Romains, durant un long silence,
Son cœur roulait en soi l'illustre délivrance ;
De même il méditait, sous un masque indolent,
D'arracher la couronne à ton front insolent.
Son audace était sage : oui, l'équitable histoire
Consacre une statue à sa longue mémoire,
Et publie, en songeant qu'éclata son renom
D'un séjour qu'habitait la morne déraison,
Qu'on doit chez la folie exiler la prudence
Lorsqu'au trône des rois on plaçait la démence.

FIN.